野獣対談

元祖・幸福維新

大川隆法

RYUHO OKAWA

本対談は、2012年8月22日、幸福の科学総合本部にて、
公開収録された。

まえがき

『幸福実現党』の松島幹事長は、かねがね、「野獣」だと思っていたが、今回、意外にも「知的野獣」であることが判明した。

もっと面白いことを言い、面白いことをやったらいいんだ。「力士隊」を率いて正規軍と戦うぐらいの勇ましさはあってもよい。

現在、ネコもシャクシも「維新ブーム」で大変だが、三年も前に『幸福維新』で私が言ったこともたくさんある。「維新八策」に新聞が飛びつくなんて、まるでお笑いである。こちらはとっくに坂本龍馬の霊言も出してある。「新聞」ではなく「旧聞」である。「NHKニュース」ではなくて「NGニュース」である。「週刊新潮」ではなく「習慣盗聴」であり、「週刊文春」でなくて、「瞬間文醜」といったところか。早く「人民日報」の呪縛から逃れて、まともなメディアになることだ。「遺憾である」内閣も、明確な言葉で批判すべきだ。

二〇二二年　九月三日

幸福の科学グループ創始者兼総裁　大川隆法

野獣対談——元祖・幸福維新　目次

野獣対談――元祖・幸福維新

野獣対談——元祖・幸福維新

［二〇一二年八月二十二日　収録］

［対談者］　松島弘典（まつしまひろのり）

幸福実現党幹事長 兼 選挙対策委員長。一九五七年七月十二日生まれ。岩手県出身。東京都立大学（現・首都大学東京）工学部卒業後、三菱（みつびし）商事㈱を経て、宗教法人幸福の科学に入局。理事長、拠点（きょてん）開発局長などを歴任し、幸福実現党に入党。

［司会］　白倉律子（しらくらりつこ）

フリーアナウンサー。幸福実現党公式番組「幸福実現ＴＶ」（インターネット配信）キャスター、幸福の科学のラジオ番組「天使のモーニングコール」のパーソナリティーを務める。

1　幸福実現党・松島幹事長と〝気楽に〟対談してみたい

「野獣対談」というタイトルを付けた理由

司会　本日は、「『野獣対談』――元祖・幸福維新」と題し、大川隆法 幸福実現党創立者兼党名誉総裁と、松島弘典 党幹事長との対談を行います。

先般、行われた「猛女対談」（釈量子 党青年局長兼女性局長との対談。『猛女対談 腹をくくって国を守れ』〔幸福実現党刊〕参照）も、非常にインパクトのあるタイトルでしたが、今日の「野獣対談」にもインパクトがありますね（笑）。

大川　本当は、「美女対談」と「野獣対談」というように、対をなすかたちにするつもりだったんです。ところが、途中で何度かタイトルの見直しが入り、最終的には「猛女対談」に変わってしまったんですね。だから、「野獣対談」も、書籍化されるときには、何か別の言葉になっているかもしれません（会場笑）。

もし、「インテリ対談」というタイトルを付けていたら、きっと、松島さんも、「準備の時間を一カ月ください」と言うでしょう？

松島　いえ、今回は、「野獣対談」で行かせていただきます（笑）。

大川　ハードルをグッと下げて、話しやすくしたわけです。「これなら、準備が何も要らない」と思うでしょう？

松島　はい、ありがとうございます。

大川　問題は、この「野獣」という言葉が「単数形か、複数形か」という点です。複数形を取ると、私もそのなかに含まれることになります。その意味で、若干の問題がありますよね。「猛女対談」や「美女対談」なら、明らかに単数形でしょうがね。英語では、どのように言うのでしょうか。〝The battle conversation between two beasts.〟という感じでしょうか。ただ、海外の信者がこれを聞いたら、「先生を〝beast〟と言ったのか」と怒るかもしれません。そうであるならば、〝Some conversation with a beast.〟というところでしょうか（笑）。

松島　何と表現すればいいのでしょうね。

大川　まあ、気楽に行きましょう（会場笑）。このタイトルを付けた主旨は、「気楽に行きましょう」ということです。「難しい言葉を使って、論理的に格好よくやろうとしたら、おそらく、対談にはならない」と判断しました。対談としては、〝でたらめ度〟の高いほうが面白くなりますのでね。

〝自己顕示欲満点〟で過激に攻撃をかけてみては？

大川　しかし、あなたは、あまり野獣っぽくないですね（会場笑）。

松島　あ、そうですか。

大川　もうちょっとラフに行かないと。「今日は、基本的に、〝失言〟をメインとした対談にしようか」と思っていますのでね（笑）（会場笑）。

幸福実現党幹事長の立場として、あなたが負うべきなのは、石原慎太郎氏のような役割を演じることではないでしょうか。「立木秀学党首に言わせてはいけない」というようなことは、あなたが代わりにはっきりと言わなければいけませんし、党のなかの「猛女」に任せきりにしてもいけない面があるのではないかと思います。

幸福実現党の立場は、基本的に野党でしょう。いや、野党まで行かず、さらに外側の立場かもしれません（笑）。いわば、甲子園の場外でワアワアとものを言っているような状態かもしれません。

やはり、“自己顕示欲満点”で攻撃をかけないと、まったく目立ちませんのでね。あまりおとなしく活動していたら、いつまでたっても、芽が出ることはありませんので、多少は過激に言っていかないといけないのではないでしょうか。

あなたの使命は「野獣」だったのに、「紳士」を目指してしまっては、どうしようもない感じがしますよ（笑）。

松島　では、今日を境に、野獣性に目覚めていきたいと思います（会場笑）。

大川　そうですね。「野獣」だったら、何だか、近寄って来やすいじゃないですか。一般の人には、近寄りにくい感じがするんでしょう？

幸福の科学自体、畏れ多くも畏くも、侵しがたいものがあって、何となく怖い雰囲気(いき)があるといいますか、見えない膜(まく)のようなものがあって、どこか近寄りがたい感じがしますよね。

ですから、一般の人が、ちょっとからかいたくなったり、話しかけたくなったりするような〝隙(すき)〟があってもいいのではないでしょうか。

まあ、それがあなたの使命かもしれませんね。

松島　はい、分かりました。ありがとうございます。

中学校の卒業文集に「総理大臣になりたい」と書いた松島幹事長

司会　ここで、本日の対談者である松島さんについて、少しご紹介(しょうかい)させていただきます。「野獣」と聞くと、「どんな強面(こわもて)の人が出てくるのか」と思いきや、松島さんは、本当に愛嬌(あいきょう)のある優(やさ)しい笑顔が印象的な方です。

さて、かつて、松島さんは、大川隆法党名誉総裁が商社勤務でアメリカに赴任(ふにん)されていた一九八〇年代に、同じく商社マンとして、アフリカを中心に活躍されていたそうです。

大川　勤務地の比較は、やや微妙なたとえだったかもしれません（会場笑）。

司会　そして、ナイジェリアに駐在していた一九九一年には、エジプト出張直後に湾岸戦争が勃発するなど、国家の外交や国際政治の現場を目の当たりにしつつ、商社マンとしての立場から、さまざまな知見を深めていかれました。

ご出身は、「首相輩出県」とも言われる岩手県で、ご幼少時には、原敬首相の生家の近くにお住まいだったそうです。

大川　ほう。「実は、原敬の孫である」とか、そんなことはないですよね？

松島　あ、違(ちが)います（会場笑）。

大川　ここで、「そうです」というぐらいのことを言ってくれると、今後のPR面でも本当に助かるんですけどね。他人ですか。

松島　はい。一切(いっさい)、関係はありません。他人です。

大川　ああ、そうですか。残念ですね。それは惜(お)しかった（笑）。

司会　それから、松島さんは、中学校の卒業文集には、〈将来の自分〉という欄(らん)で、「総理大臣になりたい」と書いたそうです。

大川　おお！（会場拍手(はくしゅ)）

松島　それは、「反骨精神」で書いたものでして……。「若者は大志を抱け！　近ごろの若者は覇気がない」と言う先生がいらっしゃったものですから。

大川　ああ、なるほど。「当たり前のことを、当たり前に書いただけ」なんですね。

松島　ええ、そうです（会場笑）。

商社マン時代、アフリカから駆けつけた御生誕祭

大川　一九九一年というと、夏に東京ドームで行われた「御生誕祭」のときに、「ただいまアフリカから駆けつけた会員の方が……」と紹介されたのは、あなたではありませんか。

松島　ああ、よく覚えていらっしゃいますね。司会の小川知子さんが、「今日は、ブラジルや東南アジアなど、海外十一カ国の会員が参加しています」とアナウンスされて、最後に、「アフリカから……」と紹介してくださったんです。

大川　あのとき、うれしそうに、ワーッと出てきましたね。

それにしても、当時、アフリカの信者は、まだ少なかったですよねえ。日本人の現地駐在員に〝毛〟が生えたぐらいの人数しかいなかったのかな？　あのころ、当会にとって、アフリカはまだ遠かったなあ。

松島　そうですねえ。

大川　「遠く、アフリカの地から、御生誕祭のために、わざわざ駆けつけた」という感じの紹介でしたね。

松島　はい（笑）。

大川　「ああ、地球の裏側からでも信者が来るんだ」というように、祭典の値打ち感を一気に高めました。

松島　はい。ありがとうございます。

大川　まあ、肌に色を塗って、槍を持った扮装でもして登場していたら、もっと盛り上がっていたかもしれませんけれどもね。

今では、本物のアフリカ人が講演会に来られる時代になりましたからね。

2 『夢のある国へ――幸福維新』の先見性

「維新」ブームの本当の火付け役は幸福実現党

大川　さあ、「野獣対談」としては、何の話題から入りましょうか。
この夏には、いろいろなことがありましたので、それらにも言及しなくてはいけないでしょうし、立党以来の幸福実現党の活動に対する多少のレビューもいるでしょう。どこから行きましょうか。

司会　今回は、大阪維新の会の動きに対し、「元祖・幸福維新」と名づけた対談でもありますので、まずはそのあたりのお話からいかがでしょうか。

大川　よし！　では、そこから行きましょう。

幸福実現党が二〇〇九年衆議院選挙に出るに当たり、私は、『夢のある国へ——幸福維新』——幸福実現党宣言⑤——（幸福の科学出版刊）という本を出しました。

立党当時から、私たちは、「維新」という言葉をずいぶん使っていたのですが、今、三年遅れで、世間でも「維新、維新」と言うようになっており、どこもかしこも「維新」だらけになっています。

例えば、ここに持ってきた昨日の新聞には、「『維新』政治団体、百三十超え　龍馬なら何を言う…ブーム便乗？」などと書いてありますが（「毎日新聞」八月二十一日付夕刊）、「龍馬の言葉」であれば、とっくの昔に、当会が霊言として出しています（『龍馬降臨』〔幸福の科学出版刊〕等）ので、世の中が何年か遅れで当会を後追いしているように見えてしかたがありません。

この新聞記事の最後では、「龍馬なら、今の日本の状況に何を言うだろうか」とまとめてありますが、「はい、三年近くも前に答えておりますので、それを読んでください」と言いたい感じなんですよね。

また、大阪維新の会では、龍馬の「船中八策」をまねて、「維新八策」を発表したりしています。

このように、今、世の中は「維新」のオンパレードですが、すでに私は、三年近く前に『幸福維新』を出していたわけです。

彼らも、同書をだいぶ読んで、アイデアを〝頂いて〟いるように見えるのですが、それにしては、やや、〝挨拶〟が足りない感じがしないでもありません。


松島　はい。二〇〇九年に、当会が「維新」という言葉を打ち出してから、実際にあちこちに影響が出てきているのを感じます。

大阪維新の会の政策を見ても、幸福実現党のさまざまな政策を参考にしていると思われます。

ただ、彼らの政策が、わが党の政策と大きく異なる点は、「道州制」や「地方主権」といった主張です。今は、日本が「中国の覇権主義」や「北朝鮮の核兵器」などの脅威にさらされ、この先、どの方向に進むべきなのか、分からないときです。一部の評論家も、「この国が危ない」ということを言い始めています。

このような状況下で、道州制や地方主権を主張することは、やはり、真逆の方向であると言わざるをえません。ここは、もっと強く言っていかなければならないと思っています。

大川　昨夜、この『幸福維新』を読み直してみたんですけれども、とても先見性のある、大胆なことが書いてあるんですね。まあ、現時点の目で、多少、手を入れなければいけない部分もあるかもしれませんが、時代のかなり先を読んで発言した内容が入っていますので、自民党や民主党をはじめ、ほとんどの政党のアイデアの根源になるような本となっています。「道に迷ったら、最終的に、この本に帰ってくればいい」というような、そんな本でしたね。

今、民主党政権誕生時と同じ「嫌な雰囲気」が出てきている

大川　『幸福維新』を読むと、幸福実現党のことだけを考えているのではなく、「国家ビジョン、未来ビジョンをつくろうとしている」という感じが明らかに出ていますね。その意味で、本書には、「三年前の時点で、当会が本当の維新を考えていた」という面が明確に表れています。

しかし、今は、「維新」という名前を付けただけで票を頂けそうな、そんな軽い風潮になっていますね。何だか、三年前の「民主党ブーム」のときのような軽薄な雰囲気が再び出てきていますが、この感じは嫌ですねえ。「『維新』と付いていれば何でもいい」というような……。

松島　はい。今、「橋下ポピュリズム（大衆迎合的政治）」とも言われていますけれども、マスコミが大阪維新の会を持ち上げるような動きは、民主党が政権を取った

ときとまったく同じ流れですね。

大川　そうです。

松島　ここに、何か手を打っていかなければ、日本は、さらに悪くなっていきます。

大川　結局、マスコミは、自分たちにとって与しやすそうな相手に飛びついて、ひっかき回すわけです。既成のものを取り上げても、あまり面白くないので、〝ない事件〟を起こして、その話題を大きくしていくようなことが好きなんでしょうね。

松島　そうですね。はい。

三年前に示したいくつもの予測が見事に的中

大川　先の選挙前に出した『幸福維新』のなかでは、「民主党が政権を取った場合にはこうなりますよ」と、さまざまな予測を書きましたけれども、今、そのとおりになってきています。

例えば、「コンクリートから人へ」という鳩山氏のスローガンに対し、「防災のためにはコンクリートも大事である。単にコンクリートを憎む発想であっては、人の命を救えないこともある」と書きました。

その後、民主党は、「スーパー堤防整備事業は廃止」と判断しましたが（二〇一〇年十月事業仕分け）、大震災後、ものの見事に、真逆のほうに揺れ動きましたよね。

それから、「消費税を四年間上げない」という民主党の公約に対し、「民主党は、『大きな政府』を目指しているので、やがて税率は上がるはずです」と書きましたが、これも、実際にそのとおりになっています。

まあ、二〇一二年夏現在の「維新」ブームは、広告代理店的な策士が、「多くの人が乗りやすい政党ブーム」のようなものを演出しているのかもしれませんけどね。

松島　広告代理店自体にどこまでの力があるのかは分かりませんが、広告代理店に対して最も多額のお金を出している経団連の大手企業が、かなり影響を与えているようにも聞いております。

「中国と国防上の問題が起きる」ことも三年前に警告していた

大川　三年前、経団連は、「民主党政権になれば、中国との関係がとてもよくなり、景気も回復する」というような、〝ハッピーな〟読みをしていましたね。

松島　「中国との関係がよくなると、商売がやりやすくなる」ということですね。

大川　しかし、当時、私は、「あまり、中国との関係が密になると、今後、日本の国防は危なくなる」という警告を出していました。そして、今、まさしく、その危機が近づいてきているわけです。

松島　はい。

大川　中国では、日系企業や商店、日本車への投石や放火などが起きていますし、被害を恐れて、現地の伊勢丹も一時閉店したりしているようです。

私は、いずれそういうことが起きると思って、「危ないですよ」と言っていたのに、当時、聞く耳を持つ人はあまりいませんでしたね。「今後、中国とは、必ず、国防上の問題が起きるだろう。したがって、貿易相手あるいは生産拠点を、中国に完全移行するのは、極めて危険度が高い」と読んでいたのですが、三年前は、そんなことを真剣に考える人はいなかったというか、見て見ぬふりをする人のほうが多かったのです。

松島　やはり、当時は、「中国の巨大マーケットを獲りにいきたい」といった目先の考え方が強かったと思います。

大川　そうでしたね。「中国は、潜在成長率が高く、将来性がある」という考えがありましたし、民主党政権が、駐中国大使として、伊藤忠商事の丹羽宇一郎氏を送ったところで、〝お奉り〟に入った感じでしょうか。

安保世代が引き起こす「時代の逆流現象」を読み解け

大川　私は、以前、丹羽氏の本を読んだことがあります。彼は、全学連のリーダーで、いわゆる角材を振っていた世代の人です。

この人は、日本を中国の植民地にでもしたいかのような親中派ですので、駐中国大使となってすることは、「中国のご機嫌取り」と分かっているわけです。したがって、「この人を大使にすれば、向こうの利益になることしか言わないだろうから、中国と貿易をする上でもよい」と考えたのでしょう。

ただ、これは、ちょっと甘いですね。目先の商売のレベルだけで見ているところが甘いと思います。つまり、政治レベルのことは、まだ十分に見えていません。

今、年齢層で言うと、「安保世代」で〝不成仏〟の人々、つまり、学生運動のリーダーとして成功できず、悔しさを感じていた人々が、もう一度、〝青春〟をやっているようなところがあります。いわば、逆流現象を起こしているんですよね。この現象をよく読み解かないと、判断を間違えます。

アメリカ経済においても、中国への依存度が高くなってはいますけれども、彼らは、考え方として、政治と経済をはっきりと分けていますからね。政治的な正義と、そうでないものとを分けているんです。しかし、日本の場合、そのへんがあまりはっきりしていません。あるいは、「政治がなく、経済だけ」なのかもしれませんね。

松島　日本は、「外交」についても、ほとんどない状態でしたから。

大川　そうですね。これは大きな問題でしょう。

松下幸之助、霊界からの三度目の警告

大川　今、日本では、数多くの企業が、生産工場を中国に移していますよね。

もうすぐ、松下幸之助さんの三冊目の霊言（『松下幸之助の未来経済リーディング』〔幸福の科学出版刊〕）が発刊されますが、確か、幸之助さんは、「ソニーやパナソニックも、もうちょっとで潰れるよ」「ユニクロさんも、今、中国の人件費が高騰中やから、経営危機が近づいてる」と語っておられたと思います。実際、ユニクロは、全体の九割近かった中国での生産比率を半分まで下げようとしていますよね。

松島　カントリーリスクは、たいへんな問題です。
ただ、消費税率が上がっても、輸出企業は還付金（輸出企業に対し、製品の生産までにかかった消費税相当分を、「輸出戻し税」として払い戻す制度）として戻ってきますので、彼らは、目先のことばかりを考えて、「海外にシフトすれば、還付金ももらえるし、自分たちは安全だ」などと思っているのではないでしょうか。

大川　なるほど。

松島　ただ、「増税によって国内の不況が進めば、それが自らに返ってくる」という点を、どこまで真剣に考えているかについては疑問がありますね。

中国のカントリーリスクを大手商社はどう見ているか

大川　あなたがアフリカに赴任していたときにも、カントリーリスクの問題はあったのではないですか。「もし、カントリーリスクがあれば、商売は成立するのか」ということを真剣に考えていたでしょう?

松島　実際に、「稼いだ外貨を日本に送金できない」とか、さまざまなリスクはありましたね。

大川　そうそう。それは、普通の状態ではありませんからね。

松島　はい。

大川　何が起きるか分からない。革命やテロ、内紛など、いろいろなことが起きるので、実際の政治リスクを計算しなければなりません。

松島　ですから、商社の中国進出について、私が勤めていた三菱商事や、三井物産などは、あまり積極的ではありませんでした。ただ、中堅と言っては失礼かもしれませんが、三番手以降の伊藤忠や丸紅などは、業績の巻き返しを図るために、リスクを背負って、中国市場へ出て行きましたね。

大川　なるほど。

以前、ヤオハンというスーパーが、ブラジルに進出して失敗し、撤退したあと、中国の上海に進出して、巨大な店を出しました。そのオープン一日目に「百万人が見学した」ということで、「これは行ける」と大喜びしていました。

ところが、実際には、「百万人が店に見に来た」というだけで、ほとんどの人が何も買わずに帰ったそうですね（笑）。値段が高くて買えなかったのかもしれません。「見に来たけれど買わない。ただで配ってくれるならもらうけど……」といったところでしょうか。

結局、日本でなら「安売り」で通っても、向こうでは安売りにならなかったんでしょうね。そのあたりの読みも間違いやすいところです。

それに、中国では、今、人件費も急騰中ですからね。「日本に近づけよう」と思っているのでしょうから、このあたりも問題でしょう。

地方の土産物はメイド・イン・〇〇になっている

大川　この前、浅間山の近くにある「鬼押出し園」に行ってきたんです。浅間山から流れ出して固まった奇岩があちこちにあるような、変わった風景の場所なのですが、そこで珍しいグッズが売られていたので買ったんですね。

一つは、赤色の熊のぬいぐるみに角が生えた「鬼熊」というもので、もう一つは、鬼の金棒をかたどったクッションなんですが、それぞれ、「メイド・イン・チャイナ」と「メイド・イン・ベトナム」だったんですよ。とても〝国際化〟しているんですよね。

赤い鬼熊には「限定三千個」と書いてあったと思いますが、こんなものを中国でつくって、わざわざ日本に運んで売っても、輸送費込みでペイするのでしょうか。

私は、てっきり、近くに住んでいる農家の方が、夏以外の農閑期にでもつくっているのかと思ったら、なんと中国やベトナムから取り寄せていたんです。しかも、今、その「鬼」と「鉄棒」をつくった国同士がにらみ合っているわけで（笑）、まあ、すごい世界ですね。

中国では、尖閣問題との絡みで不買運動などが起きていますけれども、そのうち、不買運動をすると、向こうのほうが困るようになるかもしれませんね。

松島　そうですね。

3　外交・国防の問題から逃げるな！

既成政党の党首も認めた「幸福実現党のマニフェスト」

大川　「維新の話題から」ということでしたけれども、そもそも、なぜ、今どき、「維新、維新」と言うのでしょうか。当会がここ数年で、明治維新の人たちの霊言集を数多く出したため、その後追いで、今ごろブームになっているのでしょうか。

松島　そうですねえ。あとは、菅直人前首相の出身地が長州・山口だということで、維新ブームに火を点けたところもあるのではないかと思います。

大川　うーん、なるほどね。

松島　そういえば、実は、ある政党の党首が、「幸福実現党のマニフェストがいちばんよい」と言っていたんです。党首がですよ。

大川　党首が？　ああ、そうですか。

松島　それで、「なぜ、自分の党の政策に入れないのか」と訊いたら、「やはり、さまざまなしがらみがあって言えない」ということでしたね。そちらの政党では、それほど衝撃が走って、幸福実現党の政策がかなり研究されたそうです。

「地方分権で国家主権が損なわれる」と三年前に指摘

大川　二〇〇九年衆院選のときには、「外交の部分が重要な争点になる」と、私ははっきりと述べていましたが、自民党も民主党も、完全に逃げていましたよね。明らかに、この話題を避けて、触れなかったんです。

でも、実際の政権交代後は、真っ先に外交問題が出てきました。沖縄の米軍基地移設問題から始まってね。

当時の世の中は、「地方分権」がもてはやされるような流れでしたが、まさしく、「地方分権こそ、日本を殺す可能性がある」という時期だったわけです。

外交は、やはり国家主権がしっかりしていなければ駄目なんです。外交問題を、「地方で勝手に決めてください」と言うのは、江戸時代に戻り、「各藩で外国と交渉してください」と言っているようなものなのです。

したがって、「地方分権の流れは、完全に逆行している」と、当時の私は見て取っていたのですが、いまだに、この問題については、十分に見えていない人のほうが多いのではないでしょうか。

これに関して言えば、松下政経塾系統の人には、昔の「ナショナル時代」の分社制の考えがだいぶ入っているのかもしれません。幸之助さんの発想を政治に採り入れると、地方分権型になるでしょうからね。
ただ、「国家レベル」と「会社レベル」とでは、ちょっと違うものがあります。
そもそも、会社には、「会社主権」などという考えはありませんのでね。

松島　国家には、「国家にしかできないこと」があるわけです。防衛・外交など、そういったところを無視してはいけません。そこが、国家と会社とを同じようにできないところだと思うんですよね。

大川　うん。そうそう。

松島　「『国家』というものに対し、どのようなスタンスで臨むのか」ということを、国会議員や政党がはっきりさせずに選挙を行っていること自体、「なっとらん」というか、「卑怯じゃないか」と思うのです。

大川　そうですね。

日米安保の問題にしても、「国家としての判断」が先になければならないのに、「沖縄県民の意見を聞いてから考える」というような受け身的な態度を取っています。やはり、これでは、「国家として漂流している」と言わざるをえませんね。「それが何を意味しているのか」ということを、やはり知らなくてはいけません。

例えば、「米軍が沖縄の基地を明け渡す」ということが、いったい何を意味しているのか。ここが読めない人には、まあ、申し訳ない言い方にはなりますが、明らかなる「インテリジェンスの不足」を感じますね。それとも、選挙で落ちるのが怖いだけなのかどうかはよく知りませんが。

鳩山元首相を「嘘発見器」にかけてみたい

松島　私は、「政治家が『日米安保』のことを言っても、マスコミが取り上げないし、票にもならないから、言わないだけなのかな」と思っていたんですが、あの鳩山元首相が……。

大川　（笑）

松島　もう国会議員も何年もしていて、自民党にいたこともあり、アメリカにいたこともあった人が、「抑止力の意味を分かっていなかった」と……。

大川　あれは、本当ですかね？「嘘発見器」にかけてみないといけないけれど（会場笑）、あんなことって、あるのでしょうか。
　祖父の代から政治家をしていて、アメリカにもいたのに、「日米安保に基づいて沖縄に駐留している米軍の海兵隊が抑止力になっている」ということが分からなかったとは。そんなことが、本当にあるのでしょうか。ポリグラフ（嘘発見器）にかけてみないといけませんね（笑）。

松島　ですから、国会議員のなかでも、防衛や外交のことを考えていない人が、七、八割はいるのではないかと思います。そういう人には、本当にお辞めになっていただかないといけません。

大川　ええ。

松島　地方議員や知事ならば、外交は直接的に関係ありませんから、まあ、それでもいいと思うんですよ。しかし、やはり、国会議員だけは許せません。

「中国の本性」を分かっていない人々が実権を握る日本

大川　そうですね。

でも、そういう人たちは、ちょっと考え方が古いのかもしれないですね。

日本は、田中角栄首相の時代に、「日中国交回復」を果たし、台湾から中国本土へとシフトしたわけですが、少なくとも、「日中が交流し、貿易を拡大させて、平和になることはいいことだ」という路線が続いているように見えた当時の中国と、今の中国とは……。

松島　違いますよね。

大川　今の中国は、「アメリカとの覇権競争に入ろうとしている段階」で、当時とは状況が違うんです。

むしろ、当時の日本にとって怖かったのは、旧ソ連でした。日本は、「ソ連からの防衛」ということを一生懸命に考えていた時代だったんですね。

中国は、まだ本当に貧しい国でした。毛沢東が、「大躍進政策」によって、国民を貧しくするように〝努力〟したので、今の北朝鮮と同じような状態でしたからね。中国も、北朝鮮の「先軍政治」のように、「国民が、食べることができずに死んでも構わないから、とにかく核兵器をつくれ」という政治を行っていたために、国民がものすごく疲弊していた時代だったのです。

「貿易によって国を富ませる」ということは、とてもよいことなんです。「毛沢東には経済が分からなかった」というのははっきりしています。彼が一九七六年に亡くなったので、中国では、やっと経済のことを言えるようになったんでしょうけれども、「当時の中国」と「現在の中国」とは違うのです。

このあたりのことを分かってない世代がいるんですよね。日本のなかで実権を握っている世代のなかには、まだ、そういう人がだいぶいます。「これが読めないのはかわいそうだな」と思いつつも、やはり、結果が出るまでは分からないのでしょうね。

松島　しかし、「国を襲われてから分かる」ということでは遅いんです。予測どおり、危機が迫ってきた今では、さすがに、「抑止力」ということを、誰もが言うようになってきました。

大川　そうですね。

松島　私たちは、この問題について、ずいぶんと訴えてきました。現在では、沖縄でも、抑止力について、かなり多くの方にお分かりいただけるようになっています。

大川　なるほど。しかし、分からない人には、本当に分からないのかもしれませんね。

年金制度は、今のままでは絶対に崩壊(ほうかい)する

大川　また、この『幸福維新』には、「年金問題の解決策」についても書いていました。同書では、「税金を上げるという対策には無理がある」と、はっきりと述べています。

今後、現役(げんえき)世代一人が老人一人を養わなければいけなくなるのであれば、五十パーセント以上の税率を負担する必要がありますが、そんなことは絶対に無理です。したがって、「年金制度は崩壊(ほうかい)します。このままでは絶対にもちません」と、はっきり書きました。

結局、消費税率を上げても、年金問題には対応できないんですね。

私の言っていることが当たるか当たらないかは、今後、数年から十年ぐらいたたないと、分からないのかもしれません。

財務省も日銀も「十五年不況の原因」を実は知らない

大川　さらに、長期不況を引き起こした〝トリプル効果〟についても指摘しています。

「一九九〇年以降、『十年不況』、あるいは『十五年不況』と言われる長期不況が始まりました。これは、消費税の導入と、当時の大蔵省（現財務省）による、『総量規制』に関する通達と、当時の三重野日銀総裁のバブル潰し、この三つが主な原因です」と書きました。

しかし、世の中では、全体的に、まだこのことが分かっていないのでしょう？　財務省や日銀、あるいはマスコミなど、〝偉い方〟が大勢いらっしゃるのでしょうが、いまだに分からないのでしょう？　だから、また同じことをしているわけです。

小泉政権のときには、ごく緩やかではありますが、好況になりかかっていました。しかし、与謝野氏が日銀の金融引き締めを容認し、再び不況に入りました（二〇〇六年、経済財政政策・金融担当相当時）。

そんなことをしたら不況になるのは、最初から分かっていたことですよ。それなのに、なぜ、同じことをするのでしょうか。私には、不思議で不思議で、しかたがありません。私の指摘が当たるかどうかは、もう少ししたら分かると思います。何だか、彼らがかわいそうで、見ていられませんね。どうしてなんでしょうか。

私たちは、実際に、貿易などに携(たずさ)わっていたから、分かるんでしょうかね。

松島　そうですね。ええ。

4　国家にも「経営マインド」が必要だ！

保守系政治家も「下山（げざん）の思想」にとりつかれている

松島　それから、幸福実現党のメンバーが、さまざまな政治家と話をするなかで、「筋がいい」と言いますか、かなりのところまで、当方の主張に共感を示す保守系の方がたでも、最後まで分からないのが、「日本が発展する」という発展マインドの部分なんですよ。

大川　ああ、それは、おそらく、経営をしたことがないからでしょうね。

松島　そうですね。

彼らは、基本的に、「日本は下り坂に入っている」という見方をしているんです。要は、「下山(げざん)の思想」ですよね。

「日本は、『坂の上の雲』を目指して、どんどん進んできたが、『少子化』の時代に入り、すでに坂を下(くだ)り始めている」と見ているんです。

現状をそのまま肯定(こうてい)し、それを前提にして、すべての物事を組み立てようとしているわけです。

そういう人に、私たちが、例えば、「リニアモーターカーによる交通革命を起こすことで、日本を発展させることができる」と話しても、「そんなものは無理だ。少子化の時代なのに、誰(だれ)が使うんだ」と言うんですね。結局、「日本は、将来、貧しくなる」という前提で考えているのです。

こうした「下山の思想」のような暗黒思想を切っていかないと、幸福実現党の言っていることの本当の意味は、おそらく、お分かりいただけないのではないかと思うのです。

大川　ああ……。それは気の毒ですね。

経営をしたことがない人には理解できない「経営マインド」

大川　だいたい、毎年の予算をもらって、それを消化するだけの「役所型」で仕事をしている人には、経営マインドが分からないんですよ。

例えば、「おたくの省庁はこれだけの予算でやってください」「あなたの役所はこれだけの予算を消化してください」ということだけをしている人には、お金を生み出す部分、すなわち、予算の原資をつくる部分は関係がなくなります。

だから、「いかに予算を割り振って消化するか」ということだけに一生懸命で、「いつまでに予算を消化してください」などと言っているわけです。

しかし、お金を儲ける段階から仕事をしている人は、役所型とは考え方が違うんですよね。このような経営マインドを持っていない人は、本当にないのです。

松島　ないですよねえ。

大川　学校では教えてくれませんからね。

要するに、「経営は、予算の原資をつくるところから始まる」ということなのです。それがあって、その後、お金を使えるようになるわけです。

まずは、お金を儲けて貯める。一定以上、お金を貯めたら、次に、投資に回す。このような仕事の感覚を経験したことがない人には、何度説明しても分からないのです。

これは、銀行であっても、実際には分からないんですよ。

松島　分からないんですか（笑）。

大川　私も、商社時代には、銀行を相手にずいぶん交渉をしていましたが、銀行の人も、商売や経営ということになると、本当に分からないんですよ。こちらが説明しても、ボヤーッとした感じで、よく分からないんですね。

自分たちがお金を貸していることは分かるんです。しかし、「それが、いったいどのように回っていって、商売が成り立っているのか」が、どうしても分からないらしいのです。

「借金額が大きいほど立場が強くなる」と考えていた商社の誤り

松島　ところで、私は、大学時代に工学部で土木工学を学んだのですが、会社は、まったく畑違いの商社に入りました。

入社してすぐのころ、先輩が、「おまえは理工系出身だから、経済のことをよく知らないだろう」ということで、面白いたとえ話をしてくれたことがあったのです。

まず、「おまえ、借金は幾らある?」と訊かれたんですね。

大川　ほう！

松島　私もまだ入社したばかりでしたから、借金というほどのものはなかったので、「まあ、スーツ代の三万円ぐらいですかね」と答えました。

「じゃあ、先輩は、幾ら借金があるんですか？」と訊き返したら、「家を建てたから、五千万円ぐらいある」と答えたんです。

そこで、「それは大変ですねえ」と言ったら、その先輩は、「おまえの価値は三万円だ。俺(おれ)の価値は五千万円だ。これが資本主義だ」と言うんですよ。

大川　ほお、なるほど。

松島　つまり、「『借金ができる』ということは、『与信(よしん)』と言って、『信用を与(あた)えられている』ということだ。五千万円までの与信額ということは、俺にそれだけの信用が与えられているということであって、おまえには三万円分の信用しか与えられていないのだ」というわけですね。

大川　私とあなたとは年代的に近いから分かるんだけど、当時は、商社マンがそういうふうに〝洗脳〟されていた時代ですね。それは、「銀行の論理」なんですよ。

銀行は、個人に貸す場合には、何十万円とか何百万円とか、そういった小口から貸さなければいけないので、仕事が多くなって面倒くさいですよね。それよりも、商社などに、何百億円、何千億円という単位で、バカーッと大きな額を貸せば、楽に稼げるので、どんどん貸し込むわけですよ。

ところが、借りる側である商社のほうは、「借金額が大きければ大きいほど、立場が強くなる」と考えるんです。私も、商社の財務本部にいましたから、そういう考え方があるのを知っています。

つまり、「借金額が大きいと、貸す側は逃げようがないし、銀行も、その会社を潰すわけにはいかなくなる。だから、借金額が大きければ大きいほど強くなる」という理屈ですね。今、あなたのお話にあった「与信」ではありませんが、私の先輩がたも、「それでいいんだ。銀行は、わが社の借金額が大きかったら潰せなくなるので、赤字になっても貸し込まざるをえなくなる。だから、借金額が大きければ大きいほど、安定しているのだ」というようなことを平気で言っていたわけです。

しかし、私は、そういう考え方に対して、「本当に、それで大丈夫なんですか？」と言っていたのを覚えています。

松島　私なんかは田舎から出てきた人間ですので、「借金は悪だ」と教えられて育ってきたんですよね。

ところが、会社の先輩は、「資本主義の精神とは、要するに『投資マインド』だ。『こういう会社を起こしたい』という計画をダーンと掲げたときに、自分に十分な信用があれば、そこに、お金なり、人なりの資本が集まってくる。そして、実際に会社ができて、動いていく」と言うんです。

その考えでいけば、最初に「借り入れありき」ですよね。「人やお金などの資本を借りるところからスタートするんだから、借金を恐れていたら、資本主義は成立しない」という理論だったんですね。

大川　そうした企業における借金の問題は、「元本」の部分を考えていないことですね。「借金の元本は、いずれ返さなければならないものだ」ということを忘れているんですよ。

借金をすれば利子を支払わなくてはいけませんが、「利払いよりも、商売で得られる口銭（手数料収入）などの利幅が上回れば、会社にとっては黒字が続き、永遠に資金を回転させていくことができる」と信じているわけです。

松島　理屈の上では、それでずっと回るようにも思えますよね。

大川　まさか、「元本を返せ」と言われる日が来るとは、まったく考えていなかったんですね。

ところが、いきなり、日銀に「バブル潰し」をされたころから、銀行側から企業に対して、「元本を返せ」という要求が始まったのです。そこで、元本を返すことなど考えてもいなかった企業は慌てたわけですね。

『ロールオーバー』（借り換えによる借入期間の延長）を繰り返していけば、ずっと借り続けられると思っていたのに、銀行から『元本を返せ』と言われたので、これは困った」ということになりました。

それまでは、借りたお金でゴルフ場を買ったり、土地を買ったりしていた企業も数多くありましたが、それらの値が一気に下がり始めて、実質上の「元本割れ」を起こしてしまったのです。しかし、そこで売り飛ばしたら赤字が出てしまうので、売るに売れず、借金を返すに返せなくなって、どこも苦しんでいったのです。

安定している会社で、銀行に払う利子よりも口銭のほうが上回れば、ロールオーバーによって続けていけるんですけれども、普通のところは、やはり返済しなければいけませんからね。借りたものから返済しなければいけません。

商社の論理とまったく違う「幸福の科学の無借金経営」

大川　私が幸福の科学を始めたときには、元本さえ無しの状態からのスタートでしたから、発想が用心深くなりすぎていたかもしれませんが、「借金をして始める」という考え方には不安を感じていたのです。
「自分たちで手金をつくってから大きくしていく」という発想は、商人の基本道ですよね。「他人の庇、軒先を借りて始めた商売は、絶対に潰れない」という考え方です。一方、「最初からお金を借りて、いきなり設備投資をして始めた商売は失敗しやすい」と言われます。

幸福の科学は、そういう基本に戻って始めたのです。ものすごく大きな資金を動かしていた商社から、ずっと小さな場所に舞台を移し、そこから大きくしていったんですね。

まあ、幸福の科学の場合、借りたお金による資本金をあえて挙げるとするならば、三万円ぐらいだったと思います（笑）。先ほどの借金の話のように、「信用がなかった」というわけではないんですが、事務所の備品を買うお金を、大家さんに一カ月ほど立て替えてもらっていたので、それが資本金といえるかもしれません。

その後、幸福の科学グループは、銀行からお金をまったく借りずに活動してきました。学校の建設や精舎の建立なども自力で進め、いまだに無借金で通しています。つまり、「商社の仕事で学んだこと」とは違うことを実行しているわけですね。

これは、松下幸之助さんの本を読んで、「無借金経営」（ダム式経営）を勉強し、実践したものです。

生前、松下さんは、「やろうと思わんといかんでしょうな。やろうと思わんかったら、でけんのです」と言っていましたが、ほとんどの人はそれを信じません。「借金をしなければ仕事はできない」と思っている人が多いのです。しかし、「借金をしないで商売をしよう」と思えばできるんですよ。

初動資金がないと、最初は発展の速度が遅いように見えるのですが、だんだん、そうではなくなってくるのです。事業が雪だるま式に大きくなり、黒字体質になってくると、今度は強みに変わってくるんですよね。

借金を膨らませながら事業を大きくしていくスタイルでは、例えば、「バブル潰し」を政府系の機関から仕掛けられたようなときには、太刀打ちができません。そのように、政府の金融・財政政策が変わったり、外交政策が変わったりすると、本当に、あっという間に潰れてしまう会社がたくさんありますからね。やはり、ある意味での怖さはあります。

私は、何年か前から、「中国に進出してもいいのでしょうか。それとも悪いのでしょうか。先生の話を聴いたら、ちょっと心配になりました」という質問を受けています。

それに対して、私は、「中国に進出しなくても、日本で十分に黒字経営ができる経営体力があるのでしたら、進出しても構いません。しかし、『中国に出なければ潰れそうだ』という理由で進出するのでしたら、危ないですよ」というアドバイスをしています。要するに、「『製造原価さえ下がれば食べていける』という期待だけで行くのでしたら、危ないですよ」と答えた覚えがありますね。

マスコミも財務省・日銀も「貿易」について本当に知らない

大川　生きている場所が違う人にとっては、「資本主義の精神」というものは、見ようとしても、どうしても見えてこないものなんでしょうね。

マスコミが「為替（かわせ）」について書くときには、「円高になったら苦しくなる」というワンパターンの記事がほとんどですよね。いつもこればかり言うんです。これを見れば、「新聞記者はどれほど貿易を知らないか」ということがよく分かりますね。

実際に、輸入と輸出の両方の仕事を経験している人は、「円高になって輸出が苦しくなっても、輸入は楽になる。円安になって輸入がきつくなったら、輸出が楽になる。どちらの場合でも、相殺されて同じになる」ということが分かっています。

しかし、新聞記者は、いつもワンパターンの記事ばかりですからね。

新聞がそう書くと、本当に貿易を知らない財務省がすぐに「為替介入」を言い始め、さらに、日銀が介入すると、何兆円、ときには十兆円といったお金をバーンと出して、「ほんの数日間だけ、何円か円安になり、一週間で、また元に戻りました」というようなことをします。

松島　それで、損をしているわけです（笑）。

大川　「平気でそんなことをして、本当に頭が悪いなあ」と言いますか、「知らないということは、こんなに罪なことなんだ」と思いますね。

そんなことで、十兆円ぐらい、すぐに〝摩って〟しまうんですよ。しかし、本当に必要なところには、十兆円を出さないんですよね。あれは不思議です。どうにかならないのでしょうか。

ときどき、外国の人などのアドバイスもあるようですが、民間で実務経験のある人を多少は採用するようにしたほうがよいのかもしれません。高級官僚や日銀の行員など、実際の経済のことが分からない者同士で集まって会議をしているような感じが強いのではないでしょうか。

私も、若いころには、「財務大臣は経済のことを何でも知っているのかな」と思い、そういう目で見ていました。しかし、この歳になると、「本当に、何も知らないからこそ、ずっといられるのだ」ということが見えてきますね。

松島　そういえば、以前、某防衛大臣がそんなことを言っていましたね（一川保夫前大臣の「安全保障に関しては素人」発言）。

大川　（笑）本当にそうなんですね。

いやあ、驚きました。「大臣は何でも知っているのか」と思ったら、記者会見のときに原稿を読んでいるだけなんですね。本当は、その意味が分かっていないのです。だから、揚げ足を取られないような難しい作文を読み上げるだけにして、逃げているんですね。

松島　意味の分からない説明ですか（笑）。

大川　「意味が分かるように説明したら、突っ込まれたときにボロが出るので、分からない内容のほうがいい」というのは、何だか悲しいですね。

三菱（みつびし）商事の財務部に、財務省主計局の業務をやらせてみては？

大川　そういえば、だいぶ昔の話ですが、「国家の財政赤字は、大蔵省（現・財務省）の役人を追い出して、三菱（みつびし）商事の財務部に主計局の仕事をさせたら、あっという間に変わる」ということを言っている人がいましたね。大前研一（おおまえけんいち）氏だったかな？　誰だったかは忘れましたけど。これはやや買いかぶりかもしれませんがね。

松島　一九八五年の「プラザ合意」以降、円高が進んでいきましたので、三菱商事でも、輸出部門はやはりきつかったのですが、そのなかで、いちばん利益を上げていたのは、その財務部だったんです。

大川　確かに、財務部門が、財テク（財務テクノロジー）でうまく運用して、かなり儲けていましたからね。

松島　ええ。いちばん羽振りがよかったです。

大川　先ほどの話も、それで言っていたのかもしれませんね。

普通の会社の財務部門は、借金の利子を払うことだけしていましたが、三菱商事の財務部門は、財テクをして、かなり儲けていましたからね。あのようにできれば、国家の運営もうまくいく感じがしなくもありません。

あの一九八〇年代は、バブル景気の影響で税収が非常に増えていたんですけど、国は、毎年入ってくる税収を、「単年度使い切り」などというバカなことをして、無駄なことにいっぱい使ってしまったんですね。

あのときに財テクでもしていたら、今の赤字体質を、どれだけ改善できたでしょうか。そうすれば、もっと楽になっていたはずです。やはり、「知らなかった」というのは大きいです。

経営的立場から見ると「予算単年度制」はありえない

大川　単年度予算制の部分から見直さなければなりませんね。「入ってきた分だけ、一年間で全部使い切る」というのは、もう、どうしようもありません。

これは、企業ではありえないでしょう。お金が入っても、入っただけ全部使ってしまうなら、翌年（よくとし）はどうするのでしょうか（笑）。毎年景気がよくなるならば、それでも構わないのですが、景気が悪くなったときには一発で潰れますよ。当たり前の話です。それだけのことですね。

景気が右肩（みぎかた）上がりのときには、うまくいっていたから、「それでいける」と思ったのだろうけれども、自分たちで好景気を潰し、腰（こし）を折っておいて、「税収が減った。財政赤字だ。これは国が潰れる。大変だ」などと言っているのは、もう、茶番劇にしか見えないんですよ。「本当に知能があるのかどうか」を、少々疑いたくなるような感じですね。

「景気が悪くなれば税収は減る」ということが分からない。「税率を上げたら、計算どおりに税収が増える」と、本当に思っているのでしょうか。

意図的に操作できる「統計経済」を信じてはならない

松島　あるいは、意図的に行っている部分もあると思うんですね。

大川　ああ、なるほど。

松島　「GDPが一パーセント上がったら、税収が何パーセント上がるか」という税収弾性値を、財務省は非常に低く抑えています。この十五年間の平均では「四」あると言われている弾性値が、「一・一」に抑えてあるんです。それであれば、「税収を増やすために、景気をよくしてGDPを上げよう」とは思わないですからね。それで、景気がよくなっても、「税収が増えない。ほとんど変わらない」というように言うわけです。

大川　もっと細かく見れば、選挙前になると、日銀などがよい景気指標を集めて上げてくるんですよね。そういう数値は、意図的につくれるらしいのです。

日銀の判断の根拠も、「日銀短観」などが中心なのでしょうけど、あれは、毎月、支店長会議などを開いて判断をしているし、百社ぐらいの企業にアンケートを送っているんです。

企業に送るアンケートには、「景気は、よくなると思いますか？　横ばいだと思いますか？　悪くなると思いますか？」という質問があり、それを回収して集計した結果、「よくなる」「横ばい」「悪くなる」という回答がそれぞれ何パーセントであるかを見て、景気の判断をしているわけです。

商社時代、私自身もこのアンケートに答えていたことがありますから、もうアホらしくて信用できません。要するに、入社一年目や二年目の人が景気判断に回答しているわけで、こんなものを百社分集めたところで同じだと思います（笑）。もう、ほとんどお笑いです。

日銀は、その資料のもとがどこから出ているのか、分かっているのでしょうか。会社の上層部は、ばかばかしくてやっていられないので、新米のような人間に景気判断を書かせていたわけですから、本当に笑ってしまいます。

実際には、統計の嘘があるんですが、みな統計を信じてしまいますのでね。統計処理をすると、何だかマクロ経済が分かったような気になるので、統計経済を信じてしまうんですけど、こんなものを信じてはいけません。「統計のもとになったデータに信頼性があるかどうか」という問題があるんですよ。

中国に追いつかせるため、日本は二十年も経済成長を止めていた？

大川　ああ、経済の話をしすぎました？

司会　いえ。とんでもないです。

大川　「野獣（やじゅう）」にしては、やたらと経済の話が……（会場笑）。

司会　野獣っぽさは、まだ出ていないようです（笑）。

大川　やはり、肉食の野獣らしく、ちゃんと獲物（えもの）を捕（と）らえる話をしないといけませんね。

司会　ここまでの大川党名誉（めいよ）総裁と松島幹事長との会話を振り返りますと、「幸福実現党が主張する政策を理解してくださる方であっても、『経済成長』という発想がないため、最後まで話が通りにくい」という実感が出たかと思います。

そこで、「豊かになる発想とは何か」という点について、ぜひ、多くの方に知っていただきたいと思うのですが……。

大川　逆に、私たちのほうからは、「どうしたら、二十年間も経済成長を止められるのか」を訊きたいですね。こんなことはありえませんよ。

松島　つまり、バブル潰しにおける「金融引き締め」や「総量規制」などですね。

大川　経済成長の長期低迷が、世界的なものであるのなら分かりますよ。しかし、中国は、この二十年の間に、いったいどれだけ躍進したのでしょうか。そうですよね？　何だか、中国に追いつかせるために、日本の経済成長を止めていたようにしか見えないですよ。

ただ、それを破壊するのは簡単なんです。中国の「人民元」や、韓国の「ウォン」の為替レートを、もう少しフレキシブルにしたら、簡単に黒字と成長は止まりますので、それをすればいいんですけれどもね。

松島　中国は、今、必死になって抑えています。

大川　いわばハンディ戦ですからね。彼らは、為替レートに関してハンディを与えられているわけです。ただ、すでに経済成長していますので、本当は為替レートを切り上げなければいけないのですが、切り上げないままでいるため、事実上のダンピング（安売り）を、ずっと続けているわけですよ。韓国も中国も、安売りをして儲けまくっている状態なのです。

人民元やウォンの為替レート切り上げの交渉をせよ

大川　かつて、日本も同様の批判を受けましたが、一ドルが三六〇円、三〇八円の固定相場制の時代がありました。

私は、固定相場制の時代も経験しているし、商社入社後には変動相場制の時代も経験していますが、固定相場制の時代は、やはり、ハンディ戦でしたよ。一ドル三〇八円だった固定相場制が一九七三年に崩れて、変動相場制へ移行した後の時期に、私はアメリカに赴任しましたが、当時は一ドル二七〇円から二八〇円ぐらいで、まだ三〇〇円に近かった時代でした。ただ、実際には「一ドル一〇〇円」で生活していたんですよ。

現地に赴任したら、即座に、「一ドル一〇〇円だと思って、お金を使え」と、先輩にはっきり言われました。みな、実質は一ドル一〇〇円であることを知っていたんです。為替レートが一ドル三〇〇円弱ぐらいのときですから、安売りができて、輸出は好調になりますよね。

それは、戦後の日本が荒廃からの発展をするために、アメリカが許してくれていたハンディなんですね。

だから、中国なども、経済が強くなってきたらハンディを削られるのは当たり前のことなんです。そこを削られたら、現在の「黒字体質」と「外貨準備高」は、あっという間にガーッと減っていきますよ。したがって、人民元の切り上げ交渉をすべきだと思うのです。

それに、そんなに黒字が出ているのなら、国連の分担金も、しっかりと出していただかないといけませんよね。

松島　今、日本の四分の一ですからね。

大川　いつも、国連決議などで、「ノー」と言うだけなんですから、分担金の交渉もしないといけないでしょうね。

5 マスコミによる報道管制は「民主主義の否定」だ！

幸福実現党の政策が経済学的・政治学的に理解できなかったマスコミ

大川　やはり、「野獣対談」にしては、話が難しいでしょうかね。対談のタイトルを「インテリ対談」に変えましょうか（会場笑）。それとも、「エコノミスト対談」ですか？（笑）

司会　この対談には、「元祖・幸福維新」というタイトルも付いていることですし、この「維新」という言葉をポピュリズムに利用するのではなく、今、本気で、やはり……。

大川　ああ、そうだ。あなたがたには、「次の選挙で、大阪維新の会に議席を取られるかもしれない」という問題がありましたね。

松島　そうですねえ。

大川　今、週刊誌が、とても〝気前がいい〟んですね。一市長なのに、「すぐに総理になる」と書いてくれたり、「もう百何十議席、二百議席獲得だ」と書いてみたりと、とても気前がよろしいのです。
　ただ、実際には、人物など見ていませんよね。

松島　はい。

大川　人物など何も見ないで、ほとんどムードだけで進めようとしています。やはり、これは、「記事を書き続けたい」ということなのでしょうね。

松島　三年前に私たちが立党したとき、本当は、マスコミも書こうと思えば書けたはずなんです。

大川　あれはどうだったのでしょうか。怖かったのでしょうかね。

松島　怖かったのだと思います。

大川　微妙に、怖いものもあったのかなあ。

松島　特に、私たちの政策について、どれに対しても切り返せないというか、何にも言えなかった面はあったと思うんですね。

大川　やはり、政策が分からなかったのでしょうか。マスコミには、「自分たちはプロだ」という意識があるんですよね。それなのに、幸福実現党の政策には何だか分からないところがあって、「もしかしたら、これは、宗教的なミステリーなのか。それとも、何か宗教的な、特別な考え方のようなものなのだろうか」などと見えたのかもしれません。

しかし、実際には、単に、「経済学的、政治学的に分からない」ということだったんですね（笑）。

幸福の科学は、宗教的なものと政治・経済とを切り分けて考えていたんですけれども ね。内部的には、プラクティカル（実践的）といいますか、プラグマティズム（実用主義）で現実を捉え、「政治・経済はどうあるべきか」という政策を出していたわけです。ただ、「それと宗教の部分とが、どのような関係にあるのか」が分からなかったのかもしれません。

松島　さらに、その政策を現実化していくことが分からないようですね。

大川　そうです。その主張が、いわゆる〝ご託宣(たくせん)〟として言っているだけなのか、現実上の問題として言っているのか、よく分からなかった面はあるでしょう。まあ、ちょっと残念ではありますが、後から、ゆっくりと分かってくるような感じでしょうか。

松島　はい。

アメリカの有力オピニオン誌も指摘(してき)した日本の欠陥(けっかん)民主主義

大川　今年の六月、映画「ファイナル・ジャッジメント」（製作総指揮・大川隆法。アジアの独裁国家に占領(せんりょう)された日本を描(えが)いた実写映画）を公開しましたが、その直後の八月に、中国が尖閣諸島の問題を起こしました。今回は、現実の問題が起きるまでの時間がわりに短かったので、分かりやすかったのかもしれませんけれどもね。

松島　竹島の件もありましたし、ちょっと前には北方領土の問題もありました。

大川　私が三年前に予言していたとおり、民主党は国防の問題で振り回されている状態です。そして、自民党に代わって増税をやってのけました（笑）。これはもう、本当に怪しいですよね。確かに、自民党ではできなかったことなんでしょうけどね。

　経団連も、マスコミも、民主党を持ち上げて「政権交代」をさせた手前、消費税増税に反対できませんでした。増税法案が通る段階になって、ようやく、「中小企業が潰れるかもしれない」とか「いろいろなところが困っている」とか、そういったことを、マスコミもチラチラと書き始めたような状況です。

　政府も、いちおう、このあたりを見越した上での着地なんでしょうね。まあ、上手に逃げながら進めている感じはします。

松島　でも、私たちは、三年前の衆院選では、あれだけマスコミで報道されなかった状況のなかでも、小選挙区で一・五パーセント、比例区で〇・七パーセントの票を頂きました。ただ、実際に議員が出ていてもおかしくない得票数だったにもかかわらず、選挙制度上の問題もあって、議席の獲得は実現しませんでした。

　これについては、アメリカ最大のオピニオン誌「アトランティック」（二〇一二年五月一日号）でも指摘されています。幸福実現党の饗庭直道広報本部長（全米共和党顧問〔アジア担当〕も兼任）へのインタビュー記事のなかで、「百万人以上の票を獲得することに成功したにもかかわらず、議席を得ることができなかった」という事実が紹介されました。すなわち、「民主主義の否定である」というわけですね。

　ですから、ここで一つ指摘しておきたいのは、「少数意見を無視するような選挙制度自体に問題がある」ということです。それに加えて、「マスコミが報道しない」という問題もあり、三年前は議席が取れませんでした。

今、選挙制度改革の動きはありますけれども、まだ、どうなるかは分かりません。

政党要件を満たしていない大阪維新の会を報道し続けたマスコミ

松島　一方、橋下大阪市長の「大阪維新の会」のほうは……。

大川　あれは、まだ「政党要件」を満たしていないのにね。

松島　政党要件を満たしてもいないのに、この数カ月間……。

大川　連日のように、新聞やテレビ、週刊誌で報道されています。このような報道を、何カ月、延々と続けているのでしょうね。

私たちが三年前に出馬したときには、「政党要件を満たしていないから報道しない」と言われたのです。あれは、「まったくの嘘」だったということですね。政党要件は関係なかったわけです。それが嘘であることがばれましたね。

松島　ドイツの社会学者で、「ヒトラーがどのようにして台頭したか」を研究したノエル・ノイマンという女性がいます。この人は、「沈黙の螺旋」という仮説を提唱しているのですが、これは、多数派の圧力によって少数派が沈黙を余儀なくされるプロセスを説明したものです。

　例えば、二つの意見があったとして、その比率が、はじめは四九対五一であっても、だんだんと多数派のほうが増えて、少数派の比率が四〇を切ると、主張をしなくなり、最後は〇対一〇〇になるという理論なんです。

大川　ああ、なるほどね。

松島　このように、「無視する」というかたちで少数派を排除していくんですね。これは、トクヴィル（フランスの政治思想家）も言っていることですが、言論弾圧には、「無視」と「暴力」という二つの方法があるわけです。

大川　あれは、実際に経験しなければ分からないでしょうね。「無視する」という力に、こんな権力があるとは……。「無視する権力」とでもいうのでしょうか。

松島　これは、恐ろしい権力ですよ。

大川　実際に経験してみないと分からないでしょうね。
　三年前の当時も、私の講演会などは、全部オープンにしていましたから、テレビ局も新聞社も各社が入っていて、私が話した内容は、全部取材していたんですよ。

ところが、完璧に報道管制を敷いていて、どこも報道しませんでした。一時間の講演を全部撮っておきながら、テレビでは一秒も流さなかったのです。

それなら来なければいいのに、いつも来るので、あの神経というか、精神構造が、私にはよく理解できませんでした。「あれは、幸福の科学が何か事件を起こしたときの報道に使うために映像を撮っているのかな」と、最後は思いましたね（笑）。

もし、あれを報道していたら、幸福実現党の支持率は、全然違っていたと思いますよ。

松島　はい。

トリックスター的な動きがマスコミ受けした大阪維新の会

大川　支持率が違っていたどころか、既成政党の演説の内容よりも、ずっと迫力があったので、インパクトはそうとうあったと思いますが、宗教政党に対する偏見があったのと、おそらくは上のほうからの規制がかかったでしょうね。

あのへんは、まことに残念であったので、今回、大阪維新の会がどのように扱われるのかを見せていただきますが、この〝マスコミ法〟というものには、確かによく分からないところがあります。内緒にしている秘密の法か、秘密のレシピのような感じであり、「マスコミは、こういうときにはこう報道する」ということを法則化し、動きを読めるようには、なかなかしてくれないんですね。

ですから、今、大阪維新の会を持ち上げておいて、このあと、どうするつもりなのか、ジーッと観察させてもらいたいと思います。

この前の選挙（二〇一〇年の参院選）では、みんなの党に風が吹いたのでしょうけれども、今度は、「みな、大阪維新の会へ行ってしまい、みんなの党は、党首の渡辺喜美さん一人になるかもしれない」などと言われています。

この大阪維新の会も、どうせまた、一回でブームは終わりになるんだろうと思いますけれどね。

松島　ブームが終わるのは、民主党より、もっと早いと思います。

大阪維新の会について、私には言いたいことがあります。最初に、「大阪維新の会は、こういう国をつくろうとする政党である」という理念が、まずはっきりと打ち出されて、それに賛同する方が集まってくるのなら分かりますが、まだ、そういう理念を出していない段階で、議員候補といいますか、メンバーが集まってきているところは許せません。

大阪の方が、「大阪府を大阪都にしたい」ということで、大阪維新の会に集まってきたり、「大阪で行われている地方行政を、自分の県や市でもやりたい」ということで集まってきたりするのなら分かります。

けれども、「大阪維新の会から国政を目指そう」として集まっているなら、やはり、政治家の資質として許せません。これは、ずるいですよ。そういう人は、単に「議員になりたい」としか考えていない方だと思います。

大川　「府知事が市長になる」というのは流れが逆であり、普通はありえません。こういうトリックスター的な動きが、マスコミ受けしたと言えば、そうなんでしょう。「府知事が市長になって、次は総理になる」というのは、メチャクチャな動き方ではあるけれども、やはり地方行政と国政とでは考え方に違いはありますよね。
　これまでは、「地方自治のほうを担保に取って、国をゆすっている」という感じでしたが、国政のほうへ行ったらどうなるかです。

国防や経済の問題から逃げている橋下徹氏

大川　それと、私は『中国「秘密軍事基地」の遠隔透視』（幸福の科学出版刊）という珍しい本を出しましたが、そのなかには、「中国が日本に向けて配備している核ミサイルの一発目は、大阪が目標だ」と書いてあります。それならば、大阪府を大阪都にしても意味がないでしょうね。

松島　意味がないですね。

大川　大阪が狙（ねら）われているんだったら、意味がありませんね。「東京がやられたときに、大阪が代わりの機能を持つのだ」と言っても、「一発目は大阪に当たるんだよ」と言われたら、どうするのでしょうね。

松島　国防をしっかりやらなければ駄目（だめ）です。

大川　橋下さんも、どちらかと言えば、国防からは逃（に）げていますよね。

松島　逃げていますね。

大川　はっきり言って逃げている。

これは、動物的勘(かん)でしょうか。国防からも逃げているし、実は、経済からも完全に逃げているんですよね。

松島　そうです。ほとんど、「役人いじめ」と「日教組(にっきょうそ)いじめ」だけでやってきましたので。

大川　強面(こわもて)でやっているけど、「国防と経済が弱い」というのは、総理の資質としては実に困ったことです。民主党より、さらに悪くなる可能性があると思うので、これから教育しなければいけませんね。

松島　今は、日本でも、アメリカのように、弁護士から政治家になる方が増えています。

大川　ああ、なるほど。
いや、でも、今は弁護士ではなかなか食べていけないんですよ。

松島　そうなんですか（笑）。

大川　数年前は、「年収四百万円や五百万円の弁護士が増えている」と言われていたけれども、今は二百万円ぐらいの人までいるらしいですから。

松島　ああ、そうなんですか。

大川　弁護士も数が増えているんですよ。「司法試験の合格者を年間三千人にする」ということを目標に司法試験改革をやったため、今はまだ三千人の合格者は出ていませんが、数はかなり増えているんです。でも、訴訟は増えていないんですね。日本の社会はアメリカとは違うので、日本の十倍も訴訟があるアメリカのようにはならないんですよ。

だから、だんだん食べていけなくなって、今、年収が二百万円ぐらいまで落ちている人もいるんですね。「これだったら、コンビニでアルバイトをしたほうがいいかもしれない」というレベルなので、「弁護士をワンクッションにして、次のところへ転職したい」という感じになってきているのかもしれないですね。

当会にも弁護士がいるので、あまり言うと怒られるかもしれないし、〝祟り〟があるかもしれないけど、法律で物事を全部考えるようになると、経済のほうが弱くなる気はありますね。

弁護士は、一般に宣伝が禁じられているので、アメリカのように、勝訴率を誇ったりすることはできません。薬局は、「うちの薬はよく効きます」という宣伝ができませんが、弁護士にもそれと同じようなところがあるので（笑）、そういう意味では、商売感覚が薄(うす)れているかもしれませんね。

6 国政をやるなら、憲法試案を出せ！

「組織論」が理解できなかった石原慎太郎氏の守護霊

司会　松島幹事長の〝野獣ぶり〟を、もう少し拝見したいところですが……。

大川　ああ。野獣性がちょっと足りないですねえ。

司会　先ほど、「マスコミが、幸福実現党の活動を報道せず、無視してきた」というお話がありました。それは、「宗教政党」であることへの反応でもあると考えられます。しかし、マスコミの言う、「政党要件を満たしていないから報道しない」という理由は、最近の大阪維新の会をめぐる報道によって、もう通用しないということが皮肉にも明らかになりました。
橋下氏は、マスコミの利用の仕方が非常に上手ですが、幸福実現党は、マスコミに、どう相対していくのでしょうか。
また、石原慎太郎氏の守護霊からは、幸福実現党について、「言論人の世界の延長であり、政治的なセンスがなっていない」という意見がありましたが（『守護霊インタビュー　石原慎太郎の本音炸裂』〔幸福実現党刊〕参照）、このあたりについて、松島幹事長の獅子吼をお聞きしたいのですが……。

松島　そうですか（会場笑）。

司会　さらに、石原氏の守護霊からは、宗教政党であるということで、「宗教を信じない人の目には、洗脳されて、自主的な行動を取れない人たちのように見えている。働きアリが動いているようにしか見えない」という、やや意地悪な言葉もありました。

このあたりも含めまして、宗教への無理解や偏見に対する獅子吼をお願いいたしたいと思います。

松島　はい。では、石原都知事の守護霊の意見についてから行きましょうか。

大川　「政党として役に立っていない」という話でしたね。

司会　そのようなお話がありました。

「正論は言っているけれども、言論人の延長であって、政治になっていない」と。

大川　要するに、「大川隆法は、自分（石原氏）のように、政治家をしながら本を書いて出せるのだから、政党を置いている意味がほとんどない。職員に給料を払うためだけに政党を置いているのではないか」というような意見だったかな。

松島　そのあとに収録された義経の霊言（『公開霊言　天才軍略家・源義経なら現代日本の政治をどう見るか』〔幸福実現党刊〕）では、「石原さんは、半分作家、半分政治家の生成りだ」という発言があったと思います。

大川　うーん、「生成り」ね。すごい言葉が出てきましたね。

松島　ええ。実際に、石原さんは組織を持っていません。

大川　うん。彼は、組織のことは知らないですよ。

松島　石原氏の守護霊インタビューの最後に、大川総裁からご解説がございましたけれども、石原氏は、「どうしたら組織が大きくなっていくか」が分かっていません。

組織が力を発揮するためには、やはり、ある程度の時間が必要です。「組織に理念を浸透させるのには時間がかかるけれども、理念がだんだん浸透してきて、しだいに動き方が分かり、戦い方が分かってき始めている」というところが、石原氏には見えていないと思われます。

大川　見えていないでしょうね。

松島　ええ。

大川　物書きは、物書きの目で見ていますのでね。私も本を書いていますが、いわゆる小説家などの作家のように書いているわけではないんです。こうした本（『夢のある国へ――幸福維新』）自体が、実は一種のソフトであって、政治的な意見を広げていくためのテキストをつくっているわけなんですよ。

選挙活動をやっているときにそれを出しても、「普通の本を出している」としか見えないでしょうけれども、実はテキストをつくっているんです。ベースとして、ある程度の量のテキストをつくると、だいたい、どんなものにも対応できるようになってくるのです。そうすると、政党のほうも自立できて、私に訊かなくても、過去に出したソフトを見て、いろいろな問題に答えが出せるようになるわけです。

ソフトを通じて、そういうシステムをつくろうとしている部分が、作家の目には見えないんですよ。これが見えないんです。自分たちの本と同じように見えているのでしょうが、彼らの本に基づいて組織はつくれないんですよ。

こちらは、組織をつくるためのソフトをつくっているんです。宗教のほうにも、実はそれでやっているところはあるのですが、これが、どうしても見えないんですね。

松島　ましてや、私たちは、本当に大きなものを動かそうとしていますので、それを支える組織も、非常に大きいわけです。やはり、それが動き出すまでには、どうしても時間がかかります。

大川　うちの主張は話が大きすぎるんですよね。

松島　ええ。だから、見えないんだと思います。

幸福実現党の政策が「パクられる」ことは想定済み

大川　某宗教政党は、「国政には出ない」と言いながら、地方を少しずつ押さえていって、地方選挙から勝ち上がってきて力を付け、参議院選に出て、そして衆議院選に出てきました。

ところが、幸福実現党は真逆の方向から動いてきています。まず、天下国家のあり方のほうから説いてきているのです。

ただ、逆ではあるのですが、ある意味では、政党として大を成さなくとも、その発言というか、意見が、現在ただいまの国政において参考になり、使えるわけです。他の国民や、あるいは言論人、マスコミ、ほかの政党の方がたであっても使えるんですね。

これは、あなたがたの言葉で言えば、政策の「パクリ」という状態なのでしょうけれども、私としては、ある程度、予想していた面もあるんです。「もし、政党が大を成さなくても、実際上、言っていること自体は実現していく」というスタイルを取っているんですよ。

松島　日本を守るためであれば、ほかの政党が、わが党の政策を使い、それを実現してもらってもよいわけですね。

大川　そうそう。最初から、そのつもりでやっていますのでね。

松島　その間に、こちらは準備を進めながら力を付けていくということですね。

大川　そうそう。だから、そういう意味では、私利私欲、党利党略ではやっていないところがあるんですよ。

これが、どこかで限界点、ティッピングポイントを迎えて、状況が大きく変わるといいんですけどね。その程度の認識力が日本国民にあることを願いたいものです。

「国づくりの骨格」を示さずに国政に出るのは卑怯だ

松島　それから、石原さんの守護霊が、もう一つ言っていたのは、「正論ばかり言っていて、政治家っぽくない」ということでした。

大川　そうですね。「両方なければいけない」ということでしたね。

松島　明治維新の例で言わせていただくと、長州藩(はん)は、「書生の集まり」と言われるぐらい、政治的な動きというよりは、もう正論ばかりを言い尽(つ)くして走り回り、火の玉になってぶつかっていきました。

そういうところから考えても、特に民主主義の時代においては、まず、正論をきちんと言うことが大事だと思うんです。幸福実現党は、大川総裁から頂いた「日本国憲法試案」というものを出しています（『新・日本国憲法 試案』〔幸福の科学出版刊〕参照）。「国をどのようにつくっていくか」ということを最初に提示し、それに向けて、いろいろな政策を出していますし、それに関して、正論を述べています。本当に、真っ正直な政党だと思うのです。

大川　土台や骨格からつくっているし、そもそも嘘をつかないですしね。

松島　はい。

石原さんや橋下さんも、国会議員なり、総理なりをやると言うのなら、私は、「まず、憲法試案を出しなさい。どういう国をつくるのかを示しなさい」と言いたいですね。それを出さずにやるのは卑怯だと思います。

大川　うん。やはり骨格を示さないといけませんね。

松島　それをしない人に、とやかく言われたくはないですね。そんな「生成り」の人には（会場笑）。

大川　（笑）

松島　義経さんが言うとおりです。

大川　石原さんと橋下さんが似ているのは、面白(おもしろ)くて、みんなが飛びつくような過激なことを、トリックスター的にパッと言えるところでしょう。まあ、分かりやすいんでしょうね。

松島　石原さんからは、「そのへんのセンスがない」と言われているわけですけれども。

大川　いやいや。それはいわゆるショートショートなんですよ。小説まで行っていなくて、本当に短い短編風のものにすぎないんですよね。

松島　はい。ただ、なかなかマスコミに取り上げられないというジレンマはありますので、確かに、そういうセンスも磨かなければいけないとは思います。以前は、羽織袴を着て街宣をした人もいましたが、私も何か、かぶりものを被るとか（会場笑）、そういうことも考えてみようかと……。

大川　饗庭広報本部長も、前回の選挙では、渋谷で十二時間連続でパフォーマンスをしたと聞きました。

松島　そうですね、そういう街宣をしたりとか。

大川　まあ、徒労に終わったようではありますけれども。

松島　はい。マスコミは全然報道してくれませんでした。

大川　いやあ、惜(お)しいなあ。分かっていただけないのが惜しいですね。

7　ローマ軍方式で政党幹部を育てる

「まず基地をつくってから戦う」という発想の大切さ

松島　ただ、マスコミのほうも、実際に、だんだんと理解が進んできていますし、マスコミの報道がないところでも、私たちの力で、議員を出していきたいと思います。

大川　ただ、今の議員のほうも、かなり影響を受けていますよね。幸福実現党の政策内容に影響を受けている感じはするし、政治家には、宗教心がないわけではありませんのでね。

松島　今年の五月には、赤坂に党本部の入る「ユートピア活動推進館」が落慶いたしました。まことにありがとうございました。

　あのビルができてから、議員などもよく訪ねてこられるようになりました。

大川　ああ、そうですか。

松島　ええ。昨日も、前回の選挙では落選して浪人中ですが、国会議員を二期務めた自民党の方が挨拶に来られましたし、今週は、さらにもう一人、自民党の現職の議員の方が挨拶に来るという話です。

　永田町の近くの赤坂にビルができたことによって、「やはり、幸福実現党には力がある。組織もあるし、やる気もあるし、政策もある」と見られているようです。

大川　大阪維新の会のほうは、「政治塾に八百何十人か集まってきている」と言っていますが、「自分のお金で立候補して、当選せよ」といった人任せのやり方で、組織もありません。まあ、「風」だけをあてにしてやっていますからね。

松島　そういう状況では、いずれ不満が出てきますよ。「なぜ、あの人が選ばれて、自分は選ばれないのか」とか。

大川　うちのやり方は、いわゆるローマ軍方式に近いんですよ。

かつて、ローマ軍がゲルマン等の異民族を攻めたときに、いつもワンパターンで、基地をつくってから戦い始めるので、ゲルマンの森の人たちは、「あんなことをしているといつでも奇襲ができるではないか」と言って笑っていました。いつもテントを立て、基地をつくってから戦い始めるので、「そこを狙えば、いつも勝てる」ということで、最初はゲルマン人が勝っていたのですが、だんだんローマ軍側が強くなってくるんですよ。

この考え方は、最近のアメリカのほうまでずっと続いていて、湾岸戦争（一九九一年）のときには、アメリカ側は、なんとサウジアラビアの砂漠のなかにプールをつくって、兵士に週一回、休日を与えてプールで泳がせていたといいます。旧日本軍なら、ちょっと許せないような、信じられない光景ではありますが、彼らには、「休日は、ゆっくりとリラックスし、さらによい戦闘ができるようにしよう」という思想があるんです。

第二次世界大戦では、日本もそれにだいぶやられました。そのように、「まず基地をつくってから戦う」というような発想が要るんですよ。

例えば、サイパンが占領されることで本土空襲が可能になったわけですが、日本側は、あんなに早く空襲ができるほど、アメリカ軍の飛行場が整備できるとは思っていませんでした。

あれも、アメリカ軍が、ゼネコンのようなことをやっている建設会社の社長を軍人のトップに据えてやらせたところ、あっという間にできてしまったそうです。アメリカは、そういうことができる国なので、日本の軍人の発想からは不可能な速度で完成したと言われているんです。

そのように、カチッとしたスタイルをつくってからやっていくのは、最初は、バカ正直で、機能的でないように見えるのですが、次第(しだい)しだいに、システムが動き始めるので、勝てるようになってくるんですよね。

松島　幸福実現党も、そうなると思っています。

あのビルを建てたことによって、「幸福実現党には、きちんとした政策があり、さらに、〝基地〟もある。長い間、戦っていく力が本当にあるのだ」ということが、誰(だれ)の目にも明らかになったのではないでしょうか。

短期間に党首を替(か)えたのは「人材」を育てるため

大川　立木(ついき)党首の守護霊(しゅごれい)も自慢(じまん)していましたが、「立党から三年の間に党首が何度も変わって、今、八代目だけれども、三年のうちの二年数カ月は、私が一人で党首をやっているので、長期政権だ」と言っていましたね（前掲『公開霊言 天才軍略家・源義経なら現代日本の政治をどう見るか』参照）。まあ、その間、選挙がなかっただけですけれどもね（笑）。

確かに、何人でも党首が出てきます。宗教法人のほうもそうです。今の理事長も、理事長を務めるのが四回目ですが、そのように、何回でも出てくるんです。これは、全部、ローマ軍方式なんですよね。

ローマでは、執政官が二人ぐらいいて、戦争に出ていって負けたら、いちおう責任を取らされて降ろされるのですが、しばらくしたら、また登用されるんですよ。なぜなら、その人は、相手の軍の戦い方を知っており、「負けた経験」が生きてくるからです。そのため、負けたときには責任を取らせて、いったんは降ろすのですが、しばらくしたら、また登用されて出てくるわけです。

王様同士の戦争の場合は、相手の王様を倒せば終わりなのですが、ローマの場合は、執政官を倒しても交替でいくらでも出てくるので、終わらないんですね。これが、民主主義の本当の強さなんです。王制の場合、王様を潰したら終わりですが、民主主義の場合は替わりがいくらでも出てくるんです。当会はこの方式なんですよ。あなたも元理事長ですよね（笑）。まあ、在任期間を書いていないところがミソなんですが（会場笑）、「元理事長」という人が、ゾンビのごとく蘇ってきて、いくらでも出てくるわけです。

これは、意外にローマ軍方式なんですよ。実は人材が育つんです。重い責任を負わせて、やらせてみて、できないこともあるのですが、繰り返しやっているうちに、だんだん自信が付いてきて、大物になってくるんです。これは、幹部を短期間で大量に養成するための方式の一つなんですよね。

松島　そのへんが、だんだん分かってきたのではないかと思います。

大川　でためにコロコロ変えているわけではなくて、実は、政治家をつくるために、政治経験のある幹部を増やしているんですよ。「素人だと思っていた人が、実は素人ではなかった」ということが、しだいに分かってくるだろうとは思いますけどね。

松島　饗庭広報本部長も、アメリカに行ってわずか一年余りで、共和党の顧問になって帰ってきました。

大川　彼は、ニューヨークに一年半もいたんだから、私よりもはるかに英語ができるようになって帰ってきていると思いますよ。これは、すごいのではないでしょうかね。

松島　マスコミも驚いています。

大川　私は、そこまでは行きません。ワシントンに行って共和党と交渉してくるところまで行きませんね。やはり、さすがですね。

松島　そういう意味で、マスコミも、幸福実現党の人材の質には驚いています。

大川　まさか、英語を話せないのに共和党と交渉しているとは知らないから（会場笑）、そうとうの英語の使い手なんだろうと思って、驚きますよね。「そうとうな英語力で交渉したのだろう」と思ったら、「いやあ、ボディーランゲージでやっております」ということなので、びっくりしますが、でも、度胸がいいですよね。度胸と自信があるんでしょう。

松島　日本では認められていなくても、世界では十分に通用するわけです。

大川　海外では、わりと早く認めてくれるところがあるんですよ。

アメリカは、民主党政権であっても正義に反するものと戦う国

大川　この前、ヒラリー・クリントンの守護霊の霊言を録(と)りましたが（八月十八日収録。『ヒラリー・クリントンの政治外交リーディング』〔幸福実現党刊〕として発刊）、そのなかで、彼女の守護霊は、「オバマが続投するかもしれないのだから、あなたがたは共和党のスポークスマンばかりをやらないで、民主党のほうにも配慮(はいりょ)してほしい。考え方は、共和党とそれほど大きく変わるわけではないのだ」と言っていました。

アメリカ国内の経済政策については、民主党と共和党では少し違(ちが)いはあるでしょうが、外交面では、「正義とは何か」ということを考え、正義に反するものに対しては、オバマ大統領でも戦うんですよね。

日本の民主党や左翼ならしないでしょうが、オバマさんは、今、シリアに対しても、「シリアが化学兵器を使用する準備に入ったら、その段階で米軍が出動する可能性がある」と言っています。民主党でも、それはやるわけなので、やはり、アメリカはアメリカなんですよ。ちゃんと分かっているんです。

オバマさんは、コストマインドを持っていて、ちょっと軍事費用を抑えようとしてはいるけれども、やはり、アメリカはアメリカですよね。

あのシリアの内戦も、ちょっと放置しすぎましたね。ロシアや中国がシリア政府を支持していますが、両国が、そのように、いつも正義に悖る判断をするようなら、ペナルティを課さなければいけません。

ペナルティを課し、バツ印が何個か並んだら失格にして、国連の常任理事国から外したらいいんですよ。世界の正義に反することを言って、正義を潰すようなことが何度か重なったならば、常任理事国から外すぐらいのことをしなければいけないでしょうね。

「軍隊を持っている政府軍」対「民衆」の戦いなんて、たまったものではないですよ。ほとんど虐殺です。シリアに対しては、もっと早く介入するべきだったと思いますね。

国連でシリアへの介入に反対した人たちはギルティ（有罪）です。

ロシアや中国は、「シリアに介入されるようなら、自分たちのところにも、いつ介入されるか分からない」という恐怖が先に立ったんでしょうね。

「シリアに入るんだったら、北朝鮮にだって入るかもしれないし、中国にだって入るかもしれないし、ロシアだって内戦をよくやっているので、いつ入るか分からない」と、おそらくは思ったのでしょうが、やはり、このへんには、そうした利害を離れて大所高所から見る目が必要ですね。

オバマさんも、就任当初は、「外交が分からないんだなあ」と、ちょっと心配だったのですが、三年ほどやってきたら、少し見えてきたような感じがしますね。

経済的には、日本のやったことをまねしようとしているのだろうし、ヒラリーさんの守護霊も、「ビル・クリントン政権時代の対中国政策と、今の私の考えは違う」と言っていました。「あのころは、中国と仲良くしたほうが、経済が発展して、うまくいくと思ったけれども、今は違う。やはり、国是というか、国の主義・主張が違うもの同士は、なかなか友達にはなれるものでない」という意見でした。

これは、「考え方が近いものと組まなければいけない」という原理原則のほうに戻ってきているわけですね。

もし、「アメリカがやろうとしてきた『アメリカの正義』なるものが、全部、間違っていた」と自分たちで認めるのであれば、アメリカは、もう国家として存立しえないですよね。

ベトナムだって、アメリカが介入し、負けて引き上げたのかもしれないけれども、結局、そのベトナムは、今、中国と対立しているんでしょう？　やはり、アメリカはそういう国なんですよ。

共産党は他国の共産党を信じないようで、万国のプロレタリアート（労働者階級）は、団結するどころか、互いに戦い、侵略し合う関係になっています。共産党の本質を見れば、そうなるのは分かっていたことなんですけれどもね。

まあ、文明実験ばかりを繰り返しているのだろうと思います。

いやあ、正論は吐きたいと思いますが、外国のほうは、分かってくれるのがわりと早いですからね。当会の月刊誌（九月号）に、「映画『ファイナル・ジャッジメント』（二〇一二年六月公開）をフィリピンで上映したら、その場で二百人も会員になった」と書いてあったので、「よく分かっているではないか」という感じがしますね。

松島　ええ。

大川　フィリピンの人たちも、映画を観て、「相手（中国）の正体はこれなんだ」ということが分かったのでしょう。

そのように、外国のほうではわりに通じるので、少し自信が出ましたよね。当会は、ゆったりと構え、敗戦に堪えて、まだ不沈戦艦として頑張っているという感じでしょうか。「不沈戦艦〝野獣〟」が、まだ浮いているというところでしょうかね。

松島　（笑）

司会　外国のほうが、理解が早そうには見えますが、幸福実現党は、「この日本をよくしたい」と考える、〝野獣〟を含めた方がたが集まる政党です（笑）。

先ほど、「ローマ軍方式」という話も出ましたが、大きなビジョンを掲げる組織のなかで、人材育成が進んできていることが分かりました。

8　国民の生命や安全、財産を守る！

大手の出版社も、経営規模は中小企業にすぎない

司会　ただ、宗教を信じない方がたの見方として、「幸福実現党の人たちは、みな洗脳されていて、自主的な行動が取れず、自分の頭で考えられる幹部将校がいないのではないか」というような、石原慎太郎守護霊からの指摘もありましたが、この点についてはいかがでしょうか。

大川　石原氏のような人は、うちにはあまりいないかもしれませんね。日本人としても珍しいんじゃないの？

松島　そうですね（笑）。

司会　そのあたりも含めて、松島幹事長は、どのように国民を説得していかれるのか、幸福実現党の未来ビジョンと合わせて、お聞かせいただければと思います。

大川　これは大事かもしれない。

今日は、「週刊新潮」の発売日ですが、私が雅子さまの守護霊の霊言を収録したことが記事になって載っていました（七月十九日収録。『皇室の未来を祈って』〔幸福の科学出版刊〕として発刊）。向こうのスパイか何か知りませんが、当会の支部に、紛れ込んで盗聴・盗撮を行い、記事の五十一パーセントも霊言の抜粋を載せていました。そして、「一線を越えた幸福の科学・大川隆法」みたいなことを書いているようですが、まあ、このへんのところでしょうね。

彼らには、「宗教は、教祖一人でもっているから、これさえ潰せば教団を潰せる」

と思っているところがあるのでしょうけどね。
しかし、当会が、どれだけ、水面下で、ソフトとシステムによって教団をつくっていっているかが分かっていないんです。マスコミも、先ほど言った某作家の亜流みたいなものであり、個人で動いている部分がそうとうあるので、組織が分からないんですよ。「週刊新潮」や「週刊文春」あたりは、出版社としては大手なのでしょうけれども、会社として見れば、はっきり言って中小企業ですからね。

松島　大きな組織が分からないわけですね。

大川　ええ。大きな目で見た組織や経済などの考え方が、たぶん、分からないだろうと思います。彼らの会社の規模を見れば、中小企業であり、国家レベルのことなど分かるはずもないんですよ。本当に小さな金額しか動いていない経営規模のなかで、威張って仕事をしているのでしょうが、彼らは、実は、作家になれなかった人たちの集団であり、〝労働組合〟なんです。

作家になれなかった人が、その〝労働組合〟に三百人ぐらい集まって、ご飯を食べている状態なんですよね。

私が雅子妃守護霊の霊言を出したことに対して、「大川隆法は一線を越えた」などと書いていましたが、「一線を越えた」というのは、「私が雅子さまをホテルにでも誘って、何か一線を越えてしまったということかな」と（会場笑）、一瞬、びっくりしましたけれどもね。

「週刊新潮」の編集長（酒井逸史氏）は、会社の内部では「酒井天皇」と呼ばれているらしいので、〝酒井天皇陛下〟の守護霊の霊言のほうを先に出して（『徹底霊査「週刊新潮」編集長・悪魔の放射汚染』〔幸福の科学出版刊〕参照）、皇太子妃のほうはあとに出したのだから、別に順序は間違っていないと思いますが、それが、「一線を越えた」のでしょうかね。偽天皇を先に出したのがいけなかったのかもしれません。

あのへんの「一線を越えた」という感覚が、私にはよく分からないんです。私は、世界の元首級の人たちの守護霊を出しているので、皇太子妃の守護霊を出せないわけがないんですよ。

「週刊新潮」が、そんなに皇室を尊敬しているのであれば、普段の記事を、もう少しきちんとなされたらよろしいと思います。どのマスコミも、皇室に関しては、そんなに大した記事は書いていません。

松島　はい。とてもひどい書き方をしています。

「雅子妃守護霊の霊言」を発刊した真意

大川　やはり、当会に対する記事と同じで、「何かいじくって、金儲けをしよう」としている感じが、ありありと分かりますよね。

私は、あのへんの感覚のところに問題があるような気がするんですよ。

雅子さまだって一人の人間であろうし、東大法学部の私の何年か後輩でもあるので、私も宗教家として、「何とか悩みに対して一転語を差し上げたい」という気持ちを持っているんです。

ご成婚前にも、実は人を介して、「この結婚は、先行き、厳しいことになる」ということを、お伝えしたことがあるんですよ。実際、そのとおりになったのですが、当時、ほかの人たちは、みな大喜びしていたので、そのことは黙っていました。

当会の小林早賢広報担当副理事長は、前職で通商産業省（現・経済産業省）にいたとき、外交官時代の雅子さまと電話で仕事のやりとりをしたことがあるそうなんです。

そのときに、雅子さまから、「仕事が遅い」と言って怒鳴られたといいます。電話がかかってきて、「あなたの仕事が遅いから、私が帰れないじゃないの！　どうしてくれるのよ！」と言われたそうなので、「雅子さまは、いわゆるスーパーキャリアウーマン型の人である」ということは分かっていたのです。

外務省からの電話で、「仕事が遅い！　サッサとやりなさい！」と怒鳴られたそうなので、こういう方が皇室に入ったらどうなるかを想像すれば、別に霊能力を使わなくてもだいたい分かりますよね（会場笑）。

皇室に入ると、いろいろなところで口封じをされるに決まっていますから、それはもう、ストレスが溜まってきて、さぞかしお苦しいでしょうね。何も言うことができず、「黙っていなさい」と言われたら、死にたくなるぐらい苦しいでしょう。それは、だいたい予想できていたことではあります。

それを、「週刊新潮」は、ああいう言い方でしか紹介できないのか、あるいは、幸福の科学についての報道を先に抜くことが、マスコミのスクープ競争になり始めたのかもしれません。

雅子妃守護霊の霊言は、本にして出す前に、私には著者として内容に手を入れる編集権があるわけですが、その前に週刊誌に活字にして出せば、「著者の手が入らない状態で載せた」ということで、スクープになるのかもしれません。携帯電話か何かで録音したのかもしれませんけれどもね。

幸福の科学に「越えられない一線」などない

大川　実際、この夏には、石原慎太郎守護霊の霊言（前掲書）もやりましたし、中国の李克強守護霊（八月十三日収録。『李克強　次期中国首相　本心インタビュー』〔幸福実現党刊〕参照）とか、ヒラリー・クリントン守護霊（前掲書）とか、普通は、週刊誌がインタビューを申し込んでも、なかなか応じてくれない人ばかりをやっているので、幸福の科学には、「越えられない一線」というものは、基本的にはありません。

生きている人でも、死んでいる人でも、私から逃げることはできないんです。アンドロメダ星雲まで行くと、さすがに一時間ぐらいはかかりますが（会場笑）、地球圏であれば、もはや逃げられる人はいないので、ターゲットは誰でも大丈夫です。

例えば、「シリアのアサド大統領を調べてくれ」と言われたら、簡単にすぐできます。それから、あまり話を聞きたくはないかもしれませんが、リビアのカダフィ大佐やイラクのサダム・フセインが、今どうなっているかを知りたければ、即、調べられます。ただ、読み手のほうは、あまりうれしくないでしょうから、本を棚に飾ってくれないかもしれませんがね。

これは、そういうものなので、しかたがありません。

実際に、一般のアンケートでは、あの世や宗教を信じている人は、三、四割ぐらいしかいないので、そのなかで、さらに、霊言を信じる人となると、なかなか一割もいないかもしれません。けれども、一定以上の数を集めたら、蓄積効果により、どこかの時点で、「これはもう、信じるしかないな」ということになるのではないかと思います。

「週刊新潮」の編集長は、「霊言など嘘だ」と思うのであれば、「妄言」で、〝霊言〟を毎週、出版なされたらいいのです。こちらから有名人を指名しますから、できるものなら、やってみたらいい。それぞれの守護霊の霊言を、どうぞ、ご執筆、ご口述なさってください。そちらは、物書きのプロなんでしょうから、どうぞやってください。

私は、「週刊誌の編集長の守護霊霊言には、それを本にして出しても売り物にならないぐらいの内容しかない。やはり、その人物の中身と霊言の内容が連動してくる」ということも、きちんと実証しているわけです。

これは、ある意味で、大きな革命なんだと思います。

過去に、宗教はたくさんあり、「あの世がある」ということを説いた人は数多くいますよ。でも、単に「信じよ」と言うだけでした。しかし、今度は、「信じよ」と言うだけではなく、あの世の霊人の個性や内容を、一生懸命に提示して見せているわけです。

松下幸之助さんの霊言も、『松下幸之助の未来経済リーディング』で三冊目ですけれども、松下さんの思想の忠実な後継者で、元ＰＨＰの江口克彦氏（二〇一〇年の参院選に当選）が、松下さんの二冊目の霊言（『沈みゆく日本をどう救うか』〔幸福実現党刊）第2章参照）をもとにして、国会で野田首相に質問をしたぐらいです。

江口氏は、松下さんの晩年に、京都にある松下さんの別邸・真々庵で、一対一で向かい合い、本をつくっていた方です。その人が松下さんの霊言を見て、「これは本物だ。直接、松下さんに会ったこともない人につくれるものではない」と思ったわけですよ。

ですから、私は、「やれるものなら、どうぞ、やりなさい」と言いたいのです。一冊ぐらいなら、まねをして書けたとしても、「誰の霊言でもやれるか」といったら、まずできません。

そういう意味では、幸福の科学は、マスコミの限界を超えてしまったのかもしれませんね。

松島　「一線を越えてしまった」と。

大川　ええ、一線を越えてしまったわけですよ。マスコミが取材できないような、その一線を越えてしまいました。私が出している霊言は、みな、マスコミが取材できない相手ばかりです。

最近、シリア取材に入っていた日本人の女性ジャーナリストが射殺される事件があり、大問題になっています。一線を越えて取材しようとすると、そのような危険があるわけですが、こちらは、そういう意味での一線は実際に越えなくても情報が取れるんですね。

「的確な未来予測」が生命・安全・財産を守る

大川　私は、国防上の問題について的確に予測しているので、まもなく、防衛省や自衛隊から、非常に感謝されることになるのではないかと思います。彼らは、そういう未来予測のことを「情報見積もり」と言うらしいのですが、この情報見積もりに基(もと)づいて対策を立てなければいけないので、これは非常に大事なことなのです。

今回、竹島や尖閣諸島の騒動があり、その対策として、「領海警備用の最新式の船などを準備しなければいけない」と言っていますが、その予算を組んで、実際に配備できるまでには時間がかかります。「二〇一五年に、やっと配備できる」などと言っていて、三年もタイムラグがあるので、早めに言っておかないと準備ができないんですよね。

そういう意味で、票にはならないかもしれないけれども、早めに言っておくことは大事であると思います。

しかし、国民もばかではないので、最後は、「実際に、自分たちにとって、本当に大切なことは何か。自分たちの生命や安全、財産を守るために、大切なことは何か」ということは分かります。

もっと典型的に言ってしまえば、かつてのユダヤ人のように、「ある日、突然、みんな集められてゲットー（強制居住区域）に入れられて、全財産を取り上げられ、列車に乗せられて、ガス室で殺される」ということだって、一種の政治判断ですから、そういうことがあらかじめ分かっていたらずいぶん違っていたはずです。

ユダヤ人は預言者の伝統がある民族なので、「おまえたちは、まもなく捕(つか)まって、全財産を取り上げられ、列車に乗せられて、ガス室で、六百万人が皆殺(みなごろ)しにされるぞ」と言う預言者が、ユダヤ人のなかに一人でもいてくれたら助かったでしょうね。

松島　非常にありがたいですよね。

大川　「これは高度な政治判断だ。早く、イギリスやアメリカに逃げなさい」と言ってくれていたら、場合によっては、一人も死なずに済んだ可能性もあるんですよ。

経営学者のドラッカーには、少し、そのような素質があったかもしれませんね。彼は、ナチスがまだ第五党派ぐらいだったときに、「いずれ、ナチスが天下を取る」ということを予想し、論文に書いたわけなので、なかなかの慧眼(けいがん)ですよね。

彼は預言者とは言えないかもしれないけれども、もし、それを予言的に言って、ユダヤ人たちが信じたら、あの虐殺から逃れることができた可能性はありますよ。

事前に対策を立てれば「日本侵略」は避けられる

大川　私も、「国難が来る。放っておいたら、日本は侵略され、植民地にされる可能性がある」と、ずっと言い続けています。

これも、ナチスによるユダヤ人虐殺と同じような問題だと思って、事前に対策を立てることができれば、避けられる可能性はあるわけです。

しかし、対策が立たずに、例えば、韓国に、日韓併合の逆をやられたら、日本の国民は大変なことになりますよ。

彼らは、「従軍慰安婦なるものが存在した」と信じているので、今度は、日本から本当に従軍慰安婦が出るかもしれません。「日本人の女性を従軍慰安婦にして働かせてやる」と言われるかもしれませんね。

そういうことは、朝鮮人たちが、かつて、モンゴルや中国にやられたことなんですよ。朝鮮人たちは、中国に強制的に連行されているし、モンゴルにも連行されています。「それと同じことを、日本もやったのだろう」と推定して言っているだけなのです。

もしかしたら、同じことを、日本人もやられるかもしれません。自分の奥(おく)さんや娘(むすめ)や妹たちが、同じようにやられるかもしれないんですよ。

だから、「これは気をつけないといけないよ」と言って、目を光らせている人が必要なんです。例えば、「韓国が対馬(つしま)の土地を買っているところや、中国が日本の山林を買いあさっているところを、ジーッと全体的な目で見ている人が日本にいる」ということは、ありがたいことなのではないでしょうか。

そして、その警告は、早ければ早いほどよいわけです。早く言ってくれればくれるほど、準備が進みますからね。

そういう意味で、私は、「あとから、きちんと正当な評価を受けられるものだ」と思っています。ただ、この世的な面では、ある程度、人々に分かる方便も使わなければいけないので、政党においても、この世的な部分でやれることはやっていったほうがよいと思います。

「失われた二十年」がなければ、日本のＧＤＰは二倍になっていた

大川　次の予言は、今回の消費税増税が、日本の経済にどう影響するかということです。いちおう、「景気がよくならなければ、増税は実行できない」という景気の弾力条項が入っていますが、これは、幸福実現党がかなり攻撃したことによる譲歩の部分かもしれません。

松島　ただ、政府は、消費税を上げる前に、急に景気を上げるんですよね。

大川　そうそうそう。

松島　それで、「景気が上がったから」ということで、増税を実行するわけです。

大川　うん、そうです。

松島　そういうところがありますので、しっかりと指摘していかなければいけないと思っています。

大川　自民党も、二百兆円構想だとか、うちが言っていたようなことを、そのままパクって言っているようですね（注。東日本大震災を受け、二〇一二年六月、自民党は災害に強い国土づくりに向け、十年間で総額二百兆円をインフラ整備等に投ずる国土強靱化基本法案を国会に提出。一方、幸福実現党は、二〇一〇年に、十年間で二百兆円の未来投資計画を発表していた）。

松島　ええ。「国土強靱化基本法案」という大型公共事業プランを出しています。でも、お金の出し方に夢がありません。同じ二百兆円を使うのでも、幸福実現党のほうでは、「日本を発展させるために使う」ということを言っています。

大川　そうそう。やはり、実際に事業を起こした人間と、そうでない者との違いはありますよね。

当会は、国内全体に支部をつくり、海外にも百カ国まで教えを広げて、現実に「経営の法」の目でもって世界規模で運営してきているので、「どのようにしたら、この国が発展するか」が見えるんですよね。

松島　資本ゼロから始めて、ここまでやりましたから。

大川　はっきり言えば、この国は二十年間停滞していたわけですが、まともに、普通にやっていたら、ＧＤＰは二倍になっているはずです。

松島　経済成長率が年率三パーセントであれば、ＧＤＰは二倍になっていました。

大川　財務省と日銀が変なことをせず、マスコミが間違ったほうを持ち上げなければ、簡単に、二倍ぐらいになっていたんです。

現段階で、中国よりもＧＤＰが上だったら、抑止力は全然違いますよ。「日本は、まだ大きな国だな」と思うでしょうからね。

韓国だって、「日本を追い抜いてやろうか」などと思いはしなかったでしょう。

先日、一九九〇年代の私の講演を聴き直してみたら、「中国が大きいといっても、中国のＧＤＰは東京都と同じぐらいです。韓国が大きいといっても、韓国のＧＤＰは神奈川県と同じぐらいです。それで、日本と競争するつもりですか」ということを言っていました。

この二十年間、なんと、日本は成長を止め、向こうは成長を進めるという、正反対のことをやってきたわけですから、本当に税金の無駄遣いであり、歳費を返してもらわなければいけないのではないでしょうか。

まあ、もう少し、この世の人に分かる言葉で言わなければいけないのかもしれませんがね。

「野獣対談」のはずだったのに、松島さんが、エコノミストか、インテリに見えてきて……（会場笑）。

松島　すみません（笑）。

大川　「エコノミスト対談」か「インテリ対談」に見えてきましたね。

松島　いえいえ。そんなことはありません。

9　幸福実現党は、二十一世紀の国家設計に入っている

幸福実現党に議席を与えなかったことを反省し始めている国民

司会　お時間も迫ってきておりますので、松島さんから、ぜひ、全国民に向けて、未来ビジョンを語っていただければと思います。

大川　最近は、もう息子さんの時代になりかかっているようだから、お父さんは頑張らないと危ないですよ。息子さんは、今、支部長をやっていて、評判がいいらしいじゃないですか。

松島　ありがとうございます。

大川　〝野獣〟でもないらしいですし（笑）。目がキラキラして、かわいいですよ。

松島　そうですか（笑）（会場笑）。

大川　親父さんは、吼えなければ立場が危ないですよ。

松島　分かりました。いつ選挙になるか分からないような状況ですが、万全の体制で臨んでおります。

大川　そうですね。

松島　先ほど、三年前のことを言いましたけれども、一つ、この場を借りて言っておきたいのは、「幸福実現党は、三年前から、実は力があったのだ」ということです。この点は、はっきり言いたいと思います。

大川　そうですね。「あのときに、幸福実現党に五十議席でも百議席でも与(あた)えておけばよかった」と、そろそろ反省が始まるころだろうと思います。「幸福実現党に議席を与えておけば、こんなにおかしなことにはならなかったのに」と、ゆっくりと水面下での反省は始まっていると思いますよ。

間違(まちが)ったバリアを張ったのは、どちらだったのか、よくお考えいただきたいと思います。

松島　落選したショックで、あのあと、党の組織のほうは少し沈(しず)みましたが、幸福実現党が言っていたことが、だんだん当たってきているので、世間(せけん)の人たちからも、「当たっているね」と言われるようになり、支持が広がってきています。組織の強さが浸透してきて、本当に戦えるようになってきたと思います。

大川　当会には、もともと「常勝思考」という思想があるので、失敗も成功も、全部、肥やしにしていくつもりはありますよ。

「日本や世界の人々の判断基準」を発信していきたい

大川　また、直近のモデルとしては、確かに、松下幸之助さんのつくった松下政経塾などがありますが、幸之助さんが指導した内容と、私から発信しているものとを比べてみると、やはり、向こうが教えているのは、基本的に商売道中心の教えであり、こちらは、もう少し総合的に、いろいろなことを発信しています。

私たちは、二十一世紀の日本のあり方を考え、国家の設計に入っていると思いますよ。

あなたの専門は建築工学系かもしれないけれども、まさしく、国家の設計を、今、やっているのだと思うんです。

たとえて言えば、鉄骨の骨組みだけが建っているところを見て、「これがビルか。こんなところで仕事ができるものか」と笑っているのが、一般の人たちの姿でしょうけれども、その鉄骨が、やがて、近代的なオフィスに変わり、きちんと仕事ができるようになってくるわけです。それは、見えない人には見えないし、分かる人には分かることですね。

もう少ししたら、もっとよく分かってくると思います。

あの大阪の素人集団を、民主党の代わりに第一党にするなど、もう勘弁していただきたいですね。その政策を修正するのに、また時間がかかるので、もう少し物事の分かる人にやっていただきたいものだと思います。

松島　幸福実現党では、大阪も中心的に攻めていっています。

大川　そうですか。「ランチェスター法則」的に行くと、大阪のほうを叩かなければいけないのかもしれませんね。

でも、野田首相は、政策が、だんだん自民党のほうに寄っていっているので、「民主党のなかの左翼勢力を分解させる」という戦略は功を奏してきています。実際に割れてきていますので、いちおう戦略どおり、切り離しに成功していると思います。

いずれにしても、どんなことが起きようとも、日本人が頼りにできるもの、あるいは、世界の人々が判断の基準にできるものが、この世に存在したほうがよいと思うので、そのために頑張りたいと思います。

松島　私たちも、力強く発信してまいります。

「幸福の科学の戦力」を的確に認識しているアメリカや中国

大川　アメリカも中国も、幸福の科学や幸福実現党の戦力を的確に認識しています。意外に、中国やアメリカのほうがよく認識していて、日本の政府や日本のマスコミだけが分かっていない感じです。アメリカや中国のほうが、「日本にも、まともなのがいるのだな」と、はっきりと分かっているんですよ（笑）（会場笑）。

アメリカのほうから見れば、「まともなことを考える集団も、日本にはいるのだ。一貫して正論を吐くところが、日本にもあって、まともな話ができる相手がいるのだな」ということが分かるわけです。

松島　「勇気のある集団がいる」ということですね。

大川　また、中国から見れば、「まだ、小さいけれども、恐ろしい相手がいる」と見えているんです。中国は、三国志の時代に諸葛孔明（しょかつこうめい）のような人が出てきた国なので、彼のように「千里の先を見通す人」が、実は怖（こわ）いんですよ。先を見通している人がいるということ、先を読まれているということが、怖いのだと思いますねえ。

これは「知力戦」です。誰（だれ）が実りを刈（か）り取るのかは知りませんが、やるべきことはやらなければいけないし、言うべきことは言わなければいけないと思いますね。

はっきり言わないと国民には分からないこともある

大川　でも、少しは吼えなければいけないかもなあ。

松島　はい。

この場では吼え切れなかったので、外で吼えていきたいと思います。

大川　野獣かと思ったら、意外にいい男でした（会場笑）。ちょっと自己演出が足りなかったなあ。

松島　もう少し磨(みが)きをかけていきたいと思います。

大川　本当は、「盛(もり)☆盛(もり)ライオン」（松島幹事長の出身地・岩手県のラジオ局で放送されている番組）でよかったのにね（会場笑）。盛岡(もりおか)用か岩手用の仕様でよかったのかもしれないのに、東京用の仕様に変えようとしているところで、今、苦しみを生んでいるかもしれませんね。

松島　どこでも吼えてまいりたいと思います。

大川　そうですね。もう少し、はっきり言わないと分からないこともあるから、みんなが立木(ついき)党首のようでもいけないと思うんですよ。

党首が上品で、何を言っているか分からない……、いやいやいや（笑）（会場笑）。
党首が口をあまり開かずに、唇だけを動かして話すのは、腹話術みたいでいいんですけれども（会場笑）、ほかには、はっきりと分かることを言う人もいたほうがよいのではないでしょうかね。
「今、党首が言われようとしたことは、こういうことです」と、横からはっきりと言ってくれるような、ちょっと損な役を引き受ける人がいないと困るかもしれないですね。そのへんを、うまく通訳してあげないといけないかもしれません。

松島　幸福実現党は、役員の平均年齢が四十代であり、未来に向かって可能性の大きい政党ですので、大丈夫です。

大川　ああ！　大丈夫ですか。期待しています。

松島　必ず、日本をよくするために頑張ってまいります。

10　世界全体の富が、十倍、百倍になっていく姿が見える

「見える化」の作業で、分かりやすくすることが大事

大川　（司会に）ほかに何かありますか。

司会　いろいろな論点について、松島さんご自身の経験などから、非常に柔軟に、ご自分のお考えをお話しいただきました。そういうところに、野獣ならではの、しなやかな筋肉の部分を見せていただいたと思います（笑）。

大川　今日は、私の宣伝をする気は全然なくて、松島さんを宣伝するための対談を行いました。結論的には、「コンピュータ付き野獣」だったというところでしょうか。

松島　身に余るお言葉を頂き、どうもありがとうございます。

大川　もう、東京でも地方でも通用する人ですね。

松島　いえいえ。

司会　実は、松島さんの胸元には、近々公開される映画「神秘の法」に出てくるバッジが……。

大川　おお！　バッジができているの？

司会　ライオンのアイテムを付けていらっしゃいます。

松島　「野獣」ということなので、ライオンを付けてきました（会場笑）。

司会　今日は、愛嬌のある松島さんらしさが出たのではないか思います。

大川　やっぱり、ライオンのたてがみぐらい付けて出てきてもよかったと思いますよ。

多少、幼稚かもしれませんが、目に見えるかたちにしないと、国民には分からないことがあるので、できるだけ、視覚化というか、「見える化」をしなければいけないかもしれませんね。

全体的に、当会にはインテリが多いのは事実なので、抽象的な議論が多いのかもしれません。したがって、それを分かりやすく、目に見えるかたちにしていくこと、そういう視覚化、「見える化」の作業をしなければいけないかもしれないですね。

モビリティが上がれば、世界は変わる

大川　あとは、実体経済から遊離しない動きをしなければいけないということですね。

確かに、大きな規模の設備投資等については、マスコミなどは反対するかもしれませんが、やはり、当会が那須に学園をつくれたのも、新幹線が那須塩原駅に停まってくれて、東京から那須まで一時間で行けるということが大きかったと思います。

また、長野新幹線ができたことで、東京から軽井沢まで一時間ちょっとで行けるようになったわけです。

やはり、行動半径が広がることで、ビジネスチャンスが増え、一日当たりの生産効率は上がってきましたよね。

そういう意味で、モビリティ（さまざまな交通手段を活用した移動性、機動性）を上げていき、すべての面でスピード感を上げていくという、ものの考え方が大事

ではないかと思いますね。

最近、日本からパリへ二、三時間で飛ぶ飛行機の開発をしているというニュースがありましたが、二、三時間で、パリにでもニューヨークにでも行けるようになったら、全然違う世界になりますよね。

松島　ただ、そう思えない人が多いことが問題だと思います。

大川　東京から那須や軽井沢あたりへ行く感覚で、ニューヨークやパリに飛べるようになったら、もう世の中は全然違うものになります。まったく違った世界ができるはずです。そこに見えるものは、世界全体の富が、十倍、百倍になっていく姿ですね。

松島　そうなれば、人々の意識も変わると思います。

大川　うん。絶対、変わってくるでしょう。
それが見えない人の意見は、聴いてもしかたがないので、見えるようにしてあげることが大事だと思いますね。

松島　はい。その素晴らしさを説明してまいります。

大川　まあ、こんなところでよろしいでしょうかね。老いたライオンにならないように頑張りましょう。

松島　（笑）はい。頑張ってまいります。本日は、どうもありがとうございました。

司会　それでは、どうもありがとうございました（会場拍手）。

あとがき

「野獣対談」にしては、やたら経済に詳しい対談になってしまった。生肉（なまにく）を消化し切れなかった読者にはまことに申しわけない。

松島幹事長はアフリカから、私はニューヨークから、日本を観察する異文化体験をしているので、普通の日本人とは違った、外国人の眼や国際経済の視点を持っている。島国の下半身事情でメシを食っている連中を見ると、鉄のオリの中にでも放り込んで、ライオンの餌（えさ）にでもしてみたいぐらいだ。

韓国の大統領が上陸してやっと「島根県の竹島」を連呼しはじめたＮＨＫ。外交官の公用車の日の丸の国旗を奪われてから、平服で中国の盆踊りに参加する丹羽大使の卑屈さ。東京都に先を越されて、尖閣諸島買収に血まなこになる国家のみっともなさ。ああ、早くスカッとした日本にしたいものだ。

二〇一二年　九月三日

幸福の科学グループ創始者兼総裁　大川隆法

『野獣対談――元祖・幸福維新』大川隆法著作参考文献

『夢のある国へ――幸福維新』――幸福実現党宣言⑤――（幸福の科学出版刊）
『龍馬降臨』（同右）
『松下幸之助の未来経済リーディング』（同右）
『中国「秘密軍事基地」の遠隔透視』（同右）
『新・日本国憲法 試案』（同右）
『皇室の未来を祈って』（同右）
『徹底霊査 「週刊新潮」編集長・悪魔の放射汚染』（同右）
『猛女対談 腹をくくって国を守れ』（幸福実現党刊）
『守護霊インタビュー 石原慎太郎の本音炸裂』（同右）
『公開霊言 天才軍略家・源義経なら現代日本の政治をどう見るか』（同右）
『ヒラリー・クリントンの政治外交リーディング』（同右）

『李克強　次期中国首相　本心インタビュー』（同右）
『沈みゆく日本をどう救うか』（同右）

野獣対談(やじゅうたいだん)――元祖(がんそ)・幸福維新(こうふくいしん)

2012年9月17日　初版第1刷

著　者　　大川隆法(おおかわりゅうほう)

発　行　　幸福実現党
〒107-0052 東京都港区赤坂2丁目10番8号
TEL(03)6441-0754

発　売　　幸福の科学出版株式会社
〒107-0052 東京都港区赤坂2丁目10番14号
TEL(03)5573-7700
http://www.irhpress.co.jp/

印刷・製本　株式会社 堀内印刷所

落丁・乱丁本はおとりかえいたします

ISBN978-4-86395-240-9 C0030

大川隆法ベストセラーズ・幸福実現党 対談シリーズ

国家社会主義への警鐘
増税から始まる日本の危機

幸福実現党の名誉総裁と党首が対談。保守のふりをしながら、社会主義へとひた走る野田首相の恐るべき深層心理を見抜く。
【幸福実現党刊】

1,300円

公開対談
日本の未来はここにあり
正論を貫く幸福実現党

時代に先駆け、勇気ある正論を訴える幸福実現党の名誉総裁と党首が公開対談。震災、経済不況、外交危機を打開する方策を語る。
【幸福実現党刊】

1,200円

猛女対談
腹をくくって国を守れ

国の未来を背負い、国師と猛女が語りあった対談集。凜々しく、潔く、美しく花開かんとする、女性政治家の卵の覚悟が明かされる。
【幸福実現党刊】

1,300円

※表示価格は本体価格(税別)です。

大川隆法 ベストセラーズ・政治の混迷を打破する

公開霊言 天才軍略家・源義経なら 現代日本の政治をどう見るか

先の見えない政局、続出する国防危機……。現代日本の危機を、天才軍事戦略家はどう見るのか？ また、源義経の転生も明らかに。

【幸福実現党刊】

1,400円

佐久間象山 弱腰日本に檄を飛ばす

国防、財政再建の方法、日本が大発展する思想とは。明治維新の指導者・佐久間象山が、窮地の日本を大逆転させる秘策を語る！

【幸福実現党刊】

1,400円

カミソリ後藤田、日本の危機管理を叱る

後藤田正晴の霊言

韓国に挑発され、中国に脅され、世界からは見下される——。民主党政権の弱腰外交を、危機管理のエキスパートが一喝する。

【幸福実現党刊】

1,400円

※表示価格は本体価格（税別）です。

大川隆法ベストセラーズ・日本の国防・外交を考える

神武天皇は実在した

初代天皇が語る日本建国の真実

神武天皇の実像と、日本文明のルーツが明らかになる。現代日本人に、自国の誇りを取り戻させるための「激励のメッセージ」！

1,400円

守護霊インタビュー 石原慎太郎の本音炸裂

「尖閣・竹島問題」から「憲法改正」「政界再編」まで——。石原都知事の「本音」を守護霊に直撃‼ 包みかくさず語られたその本心に迫る。

【幸福実現党刊】

1,400円

ヒラリー・クリントンの政治外交リーディング

同盟国から見た日本外交の問題点

竹島、尖閣と続発する日本の領土問題……。国防意識なき同盟国をアメリカはどう見ているのか？ クリントン国務長官の本心に迫る！

【幸福実現党刊】

1,400円

神秘の法

次元の壁を超えて

2012年10月6日
ロードショー

この世とあの世を貫く秘密を解き明かし、あなたに限界突破の力を与える書。この真実を知ったとき、底知れぬパワーが湧いてくる！

1,800円

公式ガイドブック①
映画「神秘の法」が明かす近未来シナリオ

［監修］大川隆法

この世界は目に見える世界だけではない。映画「神秘の法」に込めた願いが熱く語られる、近未来予言映画第2弾の公式ガイドブック。

1,000円

※表示価格は本体価格(税別)です。